U0905805

好姑娘的爱情升级手册

辛香兰 著

图书在版编目（CIP）数据

好姑娘的爱情升级手册 / 辛香兰著. — 南京：江苏凤凰文艺出版社，2018.9

ISBN 978-7-5594-2160-9

Ⅰ. ①好… Ⅱ. ①辛… Ⅲ. ①女性－恋爱心理学－通俗读物 Ⅳ. ①C913.1－49

中国版本图书馆CIP数据核字（2018）第106644号

书　　名	好姑娘的爱情升级手册
作　　者	辛香兰
出 品 人	柯利明　吴　铭
特约监制	郑心心
选题策划	郑心心
责任编辑	姚　丽
特约编辑	白亚洁
出版发行	江苏凤凰文艺出版社
出版社地址	南京市中央路165号，邮编：210009
出版社网址	http://www.jswenyi.com
印　　刷	三河市文通印刷包装有限公司
开　　本	880×1230毫米　1/32
字　　数	120千
印　　张	8
版　　次	2018年9月第1版，2018年9月第1次印刷
标准书号	ISBN 978-7-5594-2160-9
定　　价	42.00元

A good girl knows a man's manual

目录

CONTENTS

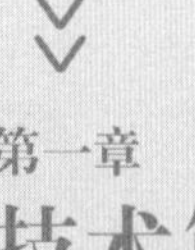

第一章 技术篇

A good girl knows a man's manual

目录

CONTENTS

A good girl knows a man's manual

目录

CONTENTS

A good girl knows a man's manual

第一章

技术篇

好姑娘的
爱情升级手册

瞧，对面有个帅哥！

我们先来想象一下：

有一个你喜欢的男生。

你不知道他有没有女朋友。

你和他不太熟。

但貌似他是你的心仪对象。

我们应该如何去做呢？

跑去表白？

不不不，也许我们有更技巧一点儿的方法。

最高级别的吸引帅哥技，可以吸引他来主动追求你。

在第一阶段，可能需要学习如何诱惑、吸引，打入对方内心，制造愉悦气氛。

如何判断对方有无女友。

当然，在这之前，你需要去做的事，就是先探探底，看看你的心仪对象有没有女朋友。

【话术】

“呀，今天的领带/衬衫/鞋子很漂亮呀，不是单身男审美呀，女朋友给挑的吧。”

“呀，衬衫熨得很工整呀，女朋友给熨的吧。”

“今天没有和女朋友一起来唱歌/打球/上自习呀？”

如果对方对你有意，会第一时间辩白：“我可是黄金单身男哦。”

如果你想做得更隐秘一些，也可以先派出自己的好朋友去探底。接下来，你就可以开始着手撩汉了。

激动不？

如何和帅哥搭讪

食堂搭讪帅哥的方法：1. 打扮漂亮；2. 准备好一瓶饮料；3. 排队排在帅哥后面；4. 打一份和帅哥一样的饭菜；5. 坐到帅哥对面；6. 开瓶盖、开瓶盖、开瓶盖、开瓶盖、开瓶盖……

赛场搭讪帅哥的方法：在球场，坐在离该男45公分的距离内。记得带上润喉糖、创可贴、驱蚊水、无比滴、小药盒、针线包、湿纸巾什么的，也许有机会用得上呢。当然，看球赛，最好提前买好小旗子、喇叭什么的。男生一般没那么细心，你就可以把自己的一份给他用了。然后，在万人狂欢的时候，你就安静地在旁边喝矿泉水就好。咕咚、咕咚、咕咚、咕咚……

这个时候，他的肾上腺素会让他有种类似坠入爱河中的体验。当然，健身中心的跑步机上跑起来，在集体活动中找到和帅哥一起坐跳楼机的机会，都是棒棒哒。

当然，如果你足够漂亮，装作不经意地撞到对方，也是不错的方法。没错，就是那种硬生生地撞。砰！大家可参照日剧《失恋巧克力职人》第一集，女主角撞到男主角身上的那种方式。

要帅哥电话号码的方法："我手机找不到了，麻烦借你手机打一下，谢谢！"这样你的手机里就有他的号码，他的手机里也有你的号码了。

要帅哥微信的方法：你的苹果7/华为P9，听说拍照很厉害，帮我/我和我的闺密拍一张好吗？等对方拍好了，自然是要用微信发给你的，对不？这不就要来了？

好了，小方法讲完了，下面我要讲讲，吸引帅哥的终极奥义了。

那就是：不能只吸引一个。

要知道，择偶行为通常都是由雄性主导的。为了将择偶风险降到最低，男生在追求女生的时候，通常也都有一个基本的预选池，如果只追一个女生，那么，他们就会把精力过多地放在一个女生身上，会患得患失，需求感会特别强。而这种患得患失会让他们看起来不自信、不从容，高的需求感，会让他们看起来价值低，女生也会有压迫感。

所以，追女生，在确定男女朋友关系之前，不能只追一个。

同理。

吸引帅哥，在确定男女朋友关系之前，不能只吸引一个。

你需要找到至少五个符合你标准的帅哥。

然后，同时吸引。

吸引帅哥的技术

除了同时吸引五个帅哥，在吸引帅哥的过程中，你还需要学习以下这些技巧。

特别是加了帅哥的微信以后，如何在自己的朋友圈，优雅地暗示一下自己单身呢？

其实，网络上有很多类似的段子，比如：

1. 今天我妈问我："以后找到男朋友会不会不要妈？"我严肃地摇摇头："妈，你把我当成什么人了！我是那种能找到男朋友的人吗？"

2. 阿拉丁神灯："××节到了，你想要什么礼物？""我想要一条龙。”“现实点儿。”“我想要一个男友。”……“好吧，你想要什么颜色的龙？”

3. 最近想和男朋友一起看电影，万能的朋友圈……有男朋友推荐给我吗？

4. 给你1天时间好好考虑要不要和我过情人节，如果你喜欢我……对不起，那也没有用，情人节是星期二，我只喜欢工作，工作使我快乐。

5. 求推荐一家广州比较浪漫的餐厅，情人节要去……门口卖花。

6. 情人节你们缺电灯泡吗？就是坐着吃饭不说话，特别可爱的那种……吃完我就走，真的。

其实，女生只要稍稍留意一下自己朋友圈的单身姑娘们，便会非常快地搜集到很多类似的单身暗示小段子，在适当的时候发一发，你的单身身份很快就会被别人知道了。

然后，你就可以躺在家里，安静地等着帅哥主动来追你了。

然后，你就真觉得帅哥会主动来追你了吗？

哈哈哈！

就这些当然还不够哦。在安静地等帅哥追你的这段时间里，你还需要再认真检查一下自己的微信朋友圈有没有构建好。

简单讲，一个人不会因为你对他好而爱上你，他爱上你的唯一动力就是：你足够吸引他。在被你吸引的过程中，他会逐渐加大对你的各项投资，这样他就会变得越来越爱你。而对他好，相对于你对对方的投资，会提高对方相对于你的价值，会让你越来越爱他，而不是他越来越爱你。所以，吸引帅哥，非常重要的就是诱惑并吸引他。那么，你需要通过你的朋友圈来展示你的高价值。

简单讲，人都会被美好的事物所吸引，在恋爱学领域，高价值展示也有一个相关的术语，叫DHV（Demonstration of High Value）。常见的，女生需要具备的高价值包括容貌、性格、智商、情商、学历、工作、家世、经济能力（被感知到）、负能量消解能力、男性话题、男性活动参与度、性魅力（如调情能力）、健康体魄、家务能力、营养学知识、琴棋书画、自控力、责任心、协作性、细心体贴、教育子女的能力、可以兼顾工作和家庭的能力、运筹协调处理亲朋好友关系的能力、人脉（夫人外交能力）、理财能力……

当然，不是说这些强项你都必须具备，而是说，你需要尽可能多地拥有这些高价值，并学会适度地展示它们。

这样做，帅哥就会来追你

当你具备了足够多的优势条件后，你需要先在你的朋友圈展示你的高价值。

具体的做法，我们来举些例子。

简单讲，我们的重点是让自己先获得一个充满喜悦、惊喜的环境，然后再把这种喜悦、惊喜的状态传递出去。

让别人看到就会大叫："天啊，好奇妙！快，也带我去！"

"你的那些朋友好赞，也带我认识认识！"

当你拥有了这样的魔力，你的高社交价值也就体现出来了。

具体怎么做呢？让我们一起学习"如何构建充满吸引力的

奇妙小世界”的方法吧。

拥有一个属于自己的独特爱好：

比如：

1. 可以是静心抄，也可以是潜心研究文玩，还可以是学做小小花匠。

2. 也有人问我，朋友圈能不能展示烘焙和厨艺。

当然，不过前提是“人美菜精致”，像这样的烘焙技艺才好拿出来炫。

低调又奢华的马卡龙，能做出来的都是大师。

3. 展示内心宁静的声音。喧哗世事，我愿与你遁世于此。

4. 传递放松、自在、轻松的感受。

5. 有没有一些奇妙的小境遇？

6. 去过一些极少有人去过的奇妙地方。

7. 健康自然的一课——日常饮食。

8. 出国旅行的照片，加上一句英文诗句。不仅看风景，更是体会不一样的人生。看的人也会感激你让他看到了这个世界不一样的一面。

9. 生猛且具有现场感。如果不是有fun(乐趣)的黑暗料理，怎么好意思拿出来秀？

10. 周末还在做宅女，什么？没钱？各种免费博物馆的展览走起！我第一次见3D打印机耶！下次还想来这个朋友圈里看看有没有什么我没见过的东西。

11. 晒宠物？成呀。如果你家萌宠也有这样销魂的表情。

看过了这些积极正面的朋友圈的高价值展示，在发朋友圈的时候，还需要注意以下这些原则：

1. 文字要精简、正面、有趣，不发大段文字，不无病呻吟；

2. 自拍频率不要太高，一周不超过两次为宜。朋友圈更新频率也不要过高，适度保持神秘感；

3. 不发抱怨的话，包括表情符号也尽量发正面的，比如微笑、捂嘴笑、大笑，少发愤怒、难过、流泪；

4. 不仅仅是构建朋友圈，更是在构建你自己的生活。

因为人注定会被美好的事物所吸引。

这个雷区，千万不要踩

到目前为止，你们大部分的交际都产生于网络。

也许，你的运气很好。

帅哥时不时愉快地和你聊天。

也许，你的运气一般。

帅哥只是偶尔给你点个赞，却很少主动和你聊天。

这一切的一切，都没关系。

只要你不走错这一步，你们就可以顺利地进挪，并推动彼此的关系了。

这个不能踩的雷区就是：千万不能在网上拼命聊。

因为：

女人靠聊天建立友谊，而男人则必须通过见面与互动来建立。

因为在原始社会，女性从事采集业、种植业，并主要负责子女的抚育，在活动中，她们可以一边聊天一边工作。但男性则主要从事狩猎活动，在工作中，他们必须时常屏住呼吸，不能让语言惊扰到他们的猎物。此外，女性靠耳朵恋爱，而男性则靠眼睛。所以，旷日持久的聊天，只会逐渐消磨男性对你的感觉。

所以，在网上，你需要做的事情是“吸引”，而非期待通过聊天构建“朋友式亲密”。

所以，请和我一起重复一下重点：少聊天，少聊天，少聊天。

那么，如果是帅哥主动发信息，我们应该如何回复呢？

1. 字数尽可能比对方少。

2. 不知道怎么回复，可以回复表情符号。

3. 不是所有信息都必须回复。

4. 想结束聊天时，可以发微笑的表情符号。

5. 可以稍稍延长每次回复信息的时间，尽可能不要秒回。因为秒回就暴露了你对对方的需求度，会拉低你的相对价值。

这里有一条需要解释的是：回复对方信息不够及时，那么，将心比心，对方一定会感受到你的扭捏做作、故弄玄虚，对你的好感度可能也会下降。

那到底应该怎么做呢？

解决的秘诀就在于：真的让自己忙碌起来。

别忘记，你一共有5个帅哥，你还有很多的追求者。

你还有36节芭蕾舞课程要去上，还有最新的工作会议需要准备，今年有3个国家需要去游历，一群闺密排着队等着和你喝下午茶……

改掉总是玩手机的坏习惯。这样，以后有机会和帅哥约会的时候，他才会真正理解当初你不总是秒回他信息的原因。

因为你不是一个只有手机、没有生活的女孩儿。

所以，一定狠狠改掉总玩手机的坏习惯。

这个习惯会拦住你的桃花运。

嗯，如果你真的可以做到，就太棒了。

当然，你也可以选择和手机结婚。据说美国一个名叫舍夫纳克（Aaron Chervenak）的年轻人，就选择在拉斯维加斯和他自己心爱的手机结了婚。

如果，你不想这样，那么让自己忙起来，并远离手机。日后和帅哥约会的时候，不要在约会过程中翻看你的手机，而是把它放进口袋里。

在优雅地避开了雷区后，你现在需要做的事情就是，尽快和帅哥见面。

先祝你好运。

旺桃花的模糊邀约术

别不相信，约帅哥出来，也是有套路的。

最好的方法：当然是请一个中间人出面组织集体活动，同时邀约自己和对方，你就装作不知情，像个活动参与者一样参加活动就好了。这样，你们就有机会互动了。

其实，说到这里，很多女孩子都会十分困惑：

为什么有些女生明明没有自己漂亮，但就是有很多男生追呢?

不要以为只有相貌平平的女生才会有这样的苦恼，其实很多高冷的美女，也有这方面的困惑呢，毕竟男生追女生的时候也往往会量力而行。

遇到自己并没有太大把握的女生时，男生反倒会望而却步。

那么，如何才能增加自己的男生缘，让桃花旺起来呢？

其实，你可以尝试着用用模糊邀约的方式，给心仪的男生一点点暗示。

模糊邀约：虽然也是一种邀约的方式，但是没有具体时间和具体地点，让人接受起来不觉得有压力，就好像我们经常说的："有空一起吃饭吧。"

类似的模糊邀约方式，你可以偷偷用起来。

【案例】

1. 螃蟹

可以经常提到一种自己喜欢的食物。

比如，"哇！螃蟹耶，超好吃的。我平生最爱的就是螃蟹了。"

"天啊！单位的食堂今天居然做了螃蟹耶，突然觉得好幸福。"

"所有的食物都没有螃蟹好吃呢，今天没有螃蟹，突然不想吃饭了呢。"

这样，在一段时间内反复提起，在生活中也好，在朋友圈里也好，这样对你有好感的男生就会主动请你吃螃蟹了。

2. 辣椒

在平常的对话中，也经常可以用到。

我们模拟一下对话。

女生："认识你这么久了，都不知道你是哪里人呢。"

男生："哈哈哈，我是四川人呀。"

女生："那一定很能吃辣吧。"

男生："你们广州女生会不会很怕吃辣呀？"

女生："不会呀，我超级喜欢吃辣呢。不过，广州不知道哪家川菜馆子最正宗。"

男生："我知道××那家很不错，有机会一起去吧。"

3. 豆瓣评分

女生："豆瓣评分到底还能不能信呀。《唐人街探案》居然9.8分，不可能哦。"

男生："不过据说确实还不错。"

女生："真的吗？好久没有评分这么高的电影了，突然好期待呢。"

4. 自助攻略

在朋友圈发一些哪里哪里有趣的链接，配上简单的文字。

对你有好感的男生自然会冒出来回应了。

这里需要提醒的是：模糊邀约并不是实际邀约，也不一定要达成约会。

模糊邀约的精髓就是：随意说，说完就忘记这件事。

对方表示有时间一起哦，也不要有太大的期待。

这不过是展示可得性的一种方式。

其最大的作用不是扑倒男生，而是炒旺行情，让别人觉得有机会而已。

说到这里，你应该已经明白为什么有的女生桃花就是旺了吧。

在暧昧期，对对方发出的模糊邀约不要太放在心上，不然你的投资就开始啦。

模糊邀约，比如约打台球。

男生其实也会发出“要不等我有时间的时候咱俩切磋切磋”这样的邀约，来试探你的反应。

如果你不急于升级，大可以大方回答说：“好哦。”

也可以这样回应他：“你就是随便说说的吧。”

如果对方回复说：“不是哦。”

你可以回复：“那时间、地点？”

再问：“是单独的，还是组个局子？”

他说：“局子。”

你就回复：“××哥哥好大方。”

如果他说：“单独。”

你就笑眯眯地看着他说：“那是什么意思呢？我不懂哦。”

直到他把自己的意图说清楚，不然可以一直装糊涂。

45 公分的秘密

其实，男生在面对美女并想要追求的时候，多少都会有一些忐忑。而有些女生的桃花比较旺，其实不仅仅是因为她们漂亮、可爱，还有很关键的一点就是：她们适当地展示了自己的可得性。这样就很容易引发异性的追求，甚至引爆“荷塘效应”，成为众人追逐的女神。

展示可得性的方法中，这次我们要讲的就是“进入对方周边45公分之内的距离”。

要知道，

120~200公分是普通社交距离，

75~120公分是朋友距离，

45~75公分是暧昧距离。

45公分距离：如果你是让他有好感的女生，你进入这个距离，他不会感觉到压迫感。反之，如果他对你没有好感，那么进入这个区域，他会觉得有压迫感。

经常进入距离男性身体45公分区域的女性，往往能获得更多男性的青睐，也就是说，男生缘会比较好。

好了，下面是给出的一些进入对方45公分区域内的小技巧，大家拿出笔记本记好了。

1. 对方看书的时候，你可以问问他："你看的是什么书呢？"自然而然地接近对方，进入45公分圈子内。

2. 比如高兴时装作要拍他一下，可进入45公分区域后不拍，装作害羞再把手收回来。

3. 一起看电影或一起去开会的时候，可以尝试着把头稍稍向他的方向靠一靠。如果是初次试探，可以再做出透过前面的人头看前方屏幕或者会议主持人的状态。如果是暧昧期，可以试试稍稍把这个姿势停留一段时间。

4. 一个让对方进入45公分区域的方法比主动进入这个区域更加高明。比如降低自己的音量，这样对方会不由自主地走近。特别是，如果在电梯里，这一方法的效果会更好。

测试对方是否对你有好感，可以尝试进入他身体周边45公分内，如果他没有产生压迫感，说明对你不排斥。在他不排斥你的前提下，尝试多次进入该空间，可增强他对你的好感。

在20世纪30年代，人们做了一项调查，调查对象为1931年结婚的5000对夫妻，调查问题为夫妻二人婚前的居住距离。有三分之一的受访夫妻婚前生活在5个街区内，一半多的受访夫妻婚前生活在20个街区内。过去几十年所做的几项调查都得出了相似的结果。比如，在有固定座位的课堂上，座位决定着学生之间的亲疏关系。居于中间位置的同学相比后排的同学更容易交到朋友。如果座位是按名字排列的，那么名字首字母接近的同学通常会成为朋友。距离相近的人不一定能够碰撞出爱的火花，但反复接触（次数要足够多）能够增加相爱的概率。我们可以称之为：单纯相处原则。

女生使用45公分只相当于男生使用kino（进挪），不能指望一步到位。一般引起对方注意后就可以等他追了。

45公分距离之所以充满魅力，是因为人的身体距离和人的心灵距离是相关的。身体在靠近，心灵也在靠近。比如，吵架时，男人都不喜欢你靠近他的身体，因为他们需要独处的心灵空间。而关系亲近的时候，男人就会更加喜欢靠近你的身体，因为心和心之间的距离在逐渐缩小。

当然，身体靠近或者接触，不仅仅包括了45公分技巧，还包括了一些身体碰触，也就是我们常说的kino（进挪）。关于kino这个小技巧，我们在下一节会有具体的讲解。

巧妙的身体接触“Kino”

所谓kino，是指为了建立彼此间的吸引及舒适感而发生的身体接触。它是诱惑的主要台柱之一。一些巧妙的身体接触，可以适当地制造不确定性，让对方觉得你对他有好感，却又不太确定，如果对方有意，就会识时务地开始追求你了。

但是，过度的身体接触，肯定会让对方觉得不适。如何才能巧妙地进行身体进挪呢？

这些小技巧也许会帮到你：

1. 对方咳嗽，赶紧轻轻地去拍拍对方的后背。

2. 看见什么新奇的东西，想赶紧跑过去看，可以顺手轻轻拉起对方的衣角。

3. 装作生气要打对方，然后轻拍对方脸颊，微笑。

4. 从座位上站起来时，装作穿着高跟鞋，所以没有站稳。

5. 在电影院或者大礼堂，路过的时候，不小心碰到对方。

6. 装作看对方手表的样子，轻轻拿住对方的手腕。

7. 在开车的时候，帮对方系安全带。

8. 不经意地撞翻他，这样就有机会摸摸他的膝盖了。

9. 爬山的时候，伸手让对方帮忙扶自己一下。当然，爬墙的时候，也是可以的。

10. 坐在一起的时候，两人的膝盖互相靠近。如果对方对你有好感，就不会躲开。

11. 聊天聊得开心的时候，装作不经意地用手指戳一下他的膝盖。

12. 靠近又靠不到的效果其实比碰到好很多。可得幻想和不可得性并存，让人抓心挠肝。

13. 夸奖对方“干得不错呀”的时候，拍拍对方的肩膀。

这里需要注意的是，女生去kino男生时，不能摸男生的头。据说很多男生不喜欢被不太熟悉的人摸头，当然也有例外。一般来说，膝盖碰触会比较安全。

此外，吸引对方来kino你也是很好的一个办法。比如，联谊会的时候，稍稍穿少一点儿，这样出房门的时候，大多数男生会主动把衣服脱下来帮你穿上，如果对方也只穿了一件，那么他会主动靠近你，用身体帮你取暖。

如果之前两人已经有了比较好的朋友关系且无身体接触，那么是很适合kino的。知根知底，朋友关系，女生之前很自重，现在适合猛一点的身体接触。如果是知根知底的好哥们儿，甚至可以在他说错话的时候，用手捂住他的嘴巴，然后再赶紧把手收回来。

此外，靠近加耳语的效果也非常不错。比如，稍稍靠近他，在他耳朵边说："我跟你说哦……"然后，说一个小秘密，也可以是对附近人的一些小揶揄，会让对方的心跳指数直线上升。当然，如果情景允许，传个小纸条也是可以的。如果他有意，就会主动和你聊天啦。

大家要知道，身体kino是好感信号传递的一种方式，也就是我们常说的IOI——释放好感信号。

而所有好感信号的释放，要配合非好感信号的释放，才能产生推拉的效果。

所以，当对方和你开始良性互动时，你记得要马上转移注意力，开始和其他人玩乐，暂时把他放在一边。

或者在聊得火热的时候，突然结束话题，说："真抱歉，我忘记了还有一件很重要的事情要做，你再给我打电话吧。"

然后走开。如果他对你有意，会叫住你："你的电话号码还没告诉我呢。"

根本不用倒追。对心仪的男生只要轻轻地叫个名字聊个天，保持良好关系，之后只要装傻静静等待就行了。

很多男生也非常善于运用类似的身体接近的方法来制造好感。如果有男生用这样的方法，你也可以稍稍留意一下他。

下面是身边姐妹分享的，男生运用身体接近制造亲密感的案例。大家可以参考借鉴一下。

1. 上下班他会顺路骑摩托车载我去车站。

2. 有时上下班他开车，我没有把车门关好，他会自己伸手关。

3. 说自己指甲长了，我也给他剪过一次。

4. 打比赛，需要戴隐形眼镜，但是他不会戴，我也帮他扒开眼睛戴过。

5. 之前中午在单位用餐，他坐我身边，不过现在都固定地坐我对面了。

6. 有一次临时决定爬山，我穿的鞋子不太合适，他便主动拉着我的手，把我拖上山，又拖下山。

其实用心观察，生活中对你有好感的男生，也同样十分善于运用这个45公分的小技巧哦。爱情的小甜蜜，似乎都包含在这些细节中了呢。

那如果是男生对你kino，又应该如何处理呢？

比如：拿东西时，他会装作不小心地用手指碰触到你；走路时的上肢碰触；并排坐时的膝盖碰触。善于kino一些的男生还会帮女生从肩膀上拿走一根头发丝。

有女生在约会时觉得不知道应该如何处理男生的这种kino，很茫然。

其实处理的方式很简单啦。如果正常情况下，你已经接受了对方的三次以上约会，当对方kino你时，你没有排斥的反应，那么害羞地低一下头，就很ok了。

当然，有的情况并不是这样。有些男生不太懂约会守则，会在初次约会时便开始kino，这时女生心里其实会有些不舒服，但也还不到直接拒绝的程度。

那么，该如何处理呢？

其实，面对所有过速升级，都有一个通则：

拒绝并给出次一级奖励。

大体上来说，女生好感信号的给出层级可以分为：微笑、接受kino、接受牵手、接受kiss（亲吻）……当你觉得与这个男生的心理距离开始靠近，产生了最初的好感时，可以多给予微笑这一级别的好感信号。但，如果男生直接误读该信号，开始身体碰触你时，你需要淡定地拉开一定距离，然后慢慢看着他（注意：慢慢、从容），眼睛先微笑，然后嘴角开始，慢慢地，微微地笑笑。

拒绝kino，但给出次一级的好感信号——微笑。

同理，当对方贸然牵手时，你可以甩开他的手，然后用肩膀或者肘部轻轻地亲昵地kino他一下。

当对方贸然试图kiss时，推开他，再轻轻拉住他的手，然后可以稍稍用点儿力。

这些都是在用肢体语言告知对方，你们现在所处的阶段在哪里，他怎样做才会让你觉得舒服。这也是让对方感觉没那么尴尬的一个小技巧哦。

怎么样？学会了吧。

约会法则

如果以上这些，你都做得很不错，那么相信不久他就会正式开始约你见面了。

你必须获得正式的约会——这些约会需要提前约定时间，敲定地点，并征求你的意见。如果对方临时约你，你必须养成让他提前约你的习惯——除非对方的时间真的是非常少，必须见缝插针，不然，一定要养成让对方提前和你约定时间的习惯。

拒绝别人的临时邀约的时候，如果你觉得很自信，大可以直接拒绝。但是，如果你对对方有意，可以在拒绝的时候，补上一句：“哎呀，真的好遗憾呀。”或者补上一句：“嗯……（停顿、迟疑）人家最近真的忙，要么你下周提前跟我说一声？”或者，至少以一种女性化的声音来婉拒。如果对方是你喜欢的类型，再给一个害羞的表情吧。

在正式约会开始后，你需要遵守以下这些守则：

1. 第一次见面，要选白天，选一个明亮一些的公众场合，简单喝杯茶或咖啡。如果对方对你有意，会再约出来吃饭。约会的时候，如果不太会讲话，尽可能做到微笑、点头、倾听就好。对方讲得越多，对你的好感会越多。

2. 如果因为紧张，所以脸红，那也是没有关系的事情。不要害怕尴尬，尴尬的局面反倒能够让对方体会到心跳的感觉。

3. 第一次约吃饭，最好吃西餐，显得隆重，又不过分亲密。火锅就略显亲密了，烧烤会让女生的吃相看起来比较不雅，烟火味道也太浓。

4. 如果对方询问你想吃什么，如果有特别喜欢的菜品可以直接说出来。如果不太熟悉餐单，可以说说自己忌讳不吃的菜。不妨在笔记本上记录一些有特色又不贵的小饭店，在对方询问你的意见时，可以简单说一说你的看法。

5. 埋单的时候，可以稍稍客气一下，但一般都是男生负责。一般约会，男生每支出200元，女生回请30~40元为佳。比如，男生请吃饭，在逛街的时候，女生可以买两杯奶茶。

6. 约会时候的着装，第一次喝茶、喝咖啡时可以相对随意一些。第二次要稍稍正式一点儿，但不用过于隆重。穿着T恤牛仔，对方很可能就直接约请大排档；穿着高跟鞋，对方至少会认真挑选一下就餐的场所，也定下了日后交往的基调。总之，你如何对待自己，对方也会如何对待你。

7. 相亲第一次最好穿粉红色的衣服。此后以红色、白色、粉色为佳。因为红色是吸引异性的最佳颜色，粉红给人以女人味的感觉，白色让人觉得纯洁、干净。

8. 尽量打扮漂亮。尽可能穿能展示完美腰臀比例的连衣裙——简单讲，要挑选类似沙漏形状的裙子，显出小细腰。你可以尝试浅色连衣裙、透明上衣、细跟高跟鞋、薄纱裙、紧身裙，这些更受直男欢迎。当然，前提是你自己喜欢。

9. 适当准备些男孩话题，但不用太精通，只要抛出话题并耐心倾听就可以。

10. 约会不能聊的话题包括询问对方的收入、住房情况，什么时候结婚，交往过多少个女朋友，自己的过往经历，打算生几个孩子，等等。如果对方有意，会主动展示自己的经济情况。

11. 在晚间约会的时候，尽量不要转场。转场是说，比如吃过晚饭再去看电影，看完电影再去K歌。约会要适可而止。要让对方觉得你作息规律，是一个有节制的姑娘。拒绝深夜对方突然发出的临时邀约。

12. 在最初几次约会的时候就动手动脚的男生，必须完全排除掉，不要心软，因为很可能是短择对象。

13. 和对方不够熟悉，没有下定决心要交往的时候，不要让对方送你到楼下，也不要告诉他是哪一栋，要学会保护自己，特别是不要被自己不喜欢的人纠缠上。

14. 只有在确定两人已经进入暧昧区，准男女朋友阶段，才适合一起去看电影。有姐妹在第一次约会的时候，选择了去看电影，结果三次和三个不同的男生，都被同事看到了，这样其实是蛮尴尬的一件事情。

15.确定关系后，三个月之内不谈未来规划、不提见亲友的，建议女生尽早换人。最有感觉、最有激情的时候，他尚且不够珍惜你，日子越久，只会感觉越平淡。

16. 如果有第二次约会，且女方对男方较为心仪，可以选择一些较为刺激的活动，以激发男性心动体验。这种心动体验和坠入爱河中的体验类似。比如，一起坐高空缆车、过山车、海盗船，看恐怖电影，走吊桥，攀岩……约在健身馆也不错。同理，在约会的时候，两人一同喝些咖啡也不错。

17. 如果心仪对方，且由彼此长辈介绍，不妨让长辈组织下两个家庭的共同活动。知根知底、双方家长同意并愿意撮合，容易皆大欢喜。但是，如果对方没有意思继续，就不要自讨苦吃。

18. 在确定男女朋友关系前，你永远是有选择权的。这并非不道德。第一次、第二次约会结束后，也不过只能确定你对对方有好感，这不等于爱。只有接吻后，在彼此朋友圈公开关系，互见亲友，方才默认双方成为男女朋友。在对方坦诚公开关系前，你都可以继续保有你的选择权。

以下细节请注意：发型、头皮屑、黑眼圈、鼻毛、嘴唇起皮、手指边缘起皮、体毛、体味、鞋子上的污渍。不驼背，不聒噪，保持微笑。

此外，你需要特别注意约会中的一句话秘诀：“不论发生什么，都要觉得反而很开心。”

比如：如果遇到塞车，反而开心，

因为可以和帅哥在密闭空间独处。

比如：如果遇到大雨，反而开心，

因为弄湿了高跟鞋就有机会撒娇。

比如：如果遇到降温，反而开心，

因为可以让帅哥脱下外套给自己。

比如：如果遇到升温，反而开心，

因为……让帅哥脱下外套……

如何扩大交际圈

也许你会在约会的时候受挫，并开始认真思考，是不是自己的标准定得太高。那么，如何判断女生是不是对爱情有着一些过高的不切实际的幻想呢？我觉得她首先要先找到36个目标对象，如果他们都看不上你的话，那也许就是你的标准问题；如果你没有36个目标对象，那就是交际圈的问题，或者是缘分没有到的问题。

听到这个答案后，很多女生开始询问，应该如何扩大社交圈子。

关于如何扩大交际圈，我有一个女性朋友就很厉害。她跟我讲，她在嫁去老公所在的三线城市后两年时间，现在基本想办什么事情——比如孩子入托，父母就医——都能找到认识的人。当然，这位朋友首先长得蛮漂亮，但老公身份特殊，是领导级别，不适合招摇，但从平时的穿戴还是能看出家境不错的样子。她喜欢去健身中心，和美女搭讪："我是新来这里的，没有什么朋友，能认识你吗？"就这样要来微信号，然后经常跑去对方朋友圈点赞，然后美女会主动约她。她本人是全职主妇，所以，平时也比较有时间和这些美女出去喝茶。就这样，社交圈就慢慢变大了。她所有朋友都不知道她老公是做什么的。她自己也不会开车。

所以，我觉得扩大交际圈，本身不是一个问题，除了个人的社交能力和父辈留下的社交资源，最重要的是个人的社交意愿。

我提供了非常多的可借鉴的扩大社交圈子的方法，但是这些方法在不同人身上的收效是非常不同的。社交圈子窄的姑娘几乎会否决掉我提供的所有意见。

我的一个朋友在向我提出如何扩大交际圈问题后，我给出的第一个意见是参加校园舞会。她给出了一个惊恐的表情，然后告诉我，这样显得自己好像很心急的样子，不好，而且舞会上好多质量很低的男生。

我给出的第二个意见是去跳广场舞，认识大妈，让大妈们帮忙介绍。我还特意强调了，我的一个朋友就是用这样的方法认识了几位金融系统的男孩子的。她给出了一个"你好搞笑啊"的表情，然后回答我说："天呀，跳广场舞认识大妈，太搞笑了吧。再说，这样不是显得我太过饥渴吗？"

我给出的第三个意见是“报一个学习班吧，一定要是男生多的那种班”。她给出了一个咬牙切齿的表情，然后说：“要交至少500块呢。我干吗要报一个自己并不感兴趣的学习班。问题是，我在学习班上遇见优质男的概率又能有多高呢？最大的可能恐怕是花了钱又没有收获吧。”

我得意地使出我的终极手段，推荐她去相亲。从她的口气中我能感觉到，我的这个提议极大地冒犯了她。她说：“我还没有成为剩女耶，我需要的圈子是真正的精英会集的高级圈子，一般的相亲男我是看不上的。”

每一种社交方式都有其天然的劣势，但不能因此而拒绝几乎所有的社交方式。如果你的父辈并没有能够为你提供一个极为高端的社交圈，别人也不会把这样好的圈子拱手让给你啊。还是那句老话：“省时间的最费钱，省钱的最费时间，想省钱又省时间，消耗的必定是精力。”

有个姑娘被小三了一年多，我干脆提议让她去要分手费，拿着钱去买相亲网站上的高端服务，用这样的方式来扩大交际圈。别人恶意消耗你的时间，你兑换成金钱，其实也没什么不对。

正所谓“坐等一天，价值三千”啊。

学会“鱼池管理”

关于如何扩大交际圈，这里我想给出一个概念，叫“鱼池管理”。这个所谓的鱼池，简单讲，就是能看到你的异性的圈子。

你要有一个“鱼池”，然后你才能成功地钓到属于你的那条“鱼”。没鱼池，只有一条鱼，你一定会死得很惨。最惨莫过于你只有一条“帅哥鱼”。

这个鱼池在读书的时候，是天然存在的，只要你不是在一个男女生比例失调的学校上学。工作后问题就比较大，如果你是在办公楼上班，能遇见并与你互动的异性就少多了。这个时候，你就会发现，貌似自己的桃花都没上学的时候旺了。

当你家的自来水管坏了、灯泡不亮了、电脑坏了的时候，你需要有至少36个后备电话号码能够群发求助。在你的微信朋友圈子里，至少有36个适龄男青年每天浏览你的照片。当你拥有“鱼池”时，你的心态就会变得完全不一样，你的恋爱运势也会完全不一样了。

再强调一遍：“鱼池”就是能看见你的异性的圈子。能看见你求助信息的异性的圈子越大，你的“高预选”越容易从中产生。

我积累了一些扩大交际圈和构建“鱼池”的小方法，这里就和大家分享一下吧。

1. 女生也可以搭讪美女。美女身后一定有高质量圈子。

2. 参与同窗会，也许其中一个男同学就会介绍一堆优质男给你呢。如果最近没有同窗会，那么可以考虑自己组织，这样其实可以认识更多的人。想认识高质量的人，就要学习把高质量的人组织起来。

3. 去健身房是一个很不错的扩大交际圈的方法。“欲搭帅哥，必先健身。”因为女生健身看起来自控力强，身材健康匀称，面露潮红，特别能激发对方的好感。而长期健身的男生，对自己的情绪管理会很有一套。因为有很好的情绪疏导路径，自控力也强。很多大型企业选中层领导时，如果长期健身的会加分。运动中心跳速度加快，能快速增进男女双方彼此的好感。健身房女少男多，很容易形成一种你的预选很高的假象，并引发群众效应。

4. 如果有好车，可以考虑去参加车友会。如果没有好车，可以去参加骑车社团、跑步社团、户外社团。爱运动的人基本都是时间自由的人，时间自由的人一般都有自己的小事业。

5. 捡到一个优质男，千万不要急着和他确立关系，他身后会有一个质量很高的圈子。

6. 为了扩大圈子，有人在公司大会上，在洗手间装醉一个小时，对于每个进来的人都可以借醉请他帮忙，隔天以这个为理由感谢他们。

7. 为了认识人力资源部的人，主动报名她组织的支教活动，从她口中获得领导喜好。

8. 还有人在公司每天拿着和领导一个牌子的香烟，不停地爬楼梯，希望偶遇。了解领导每天上下班乘坐电梯的时间，争取同乘一部电梯。

9. 周末邀请同事八九人来自己家做客，朋友可带上朋友，做一桌子菜，好吃不好吃无所谓，不会搞气氛就找个会热闹的人来撑场。认真地把你做得糟糕的菜吃完的，会下厨帮忙的，重点关注一下吧。

10. 不抱目的地和男生出去吃饭，反而有可能在席间遇见合适的男生。

11. 高密度地参加联谊。通过高密度的联谊，去努力提升两性互动的能力，这样你才能掌握和异性互动的技巧。

12. 各种网上社交软件可以用起来。但交往的时候，注意自我保护。

13. 跟着校花真的大有好处，每天从她身边被甩出来的优质男都有几大车，随便捡。

简单讲，择偶期社交活动为非常态社交活动。日常生活中你只有2~3个闺密，这很正常。朋友圈一个适龄可发展对象都没有，也很正常。一个月不主动发起一次社交活动，也是常态。但是，在择偶期也保持这样密度的社交活动，你势必会被其他高频社交活动的女生碾压。所以，在择偶期进行高频非常态化社交是必须的。

但是，需要明确的一点是：我反对女生养备胎。因为，这样是希望对方放弃自己的选择权，而自己却不肯放弃，说白了，挺耽误别人的。那么，普通朋友和备胎之间有什么区别呢？

普通朋友和备胎之间的主要区别是：首先，在心理上你把他放在什么位置。再就是，你是否对他有轻微的性暗示——极度轻微的也算。什么算轻微的性暗示？什么不算？辨别的方式也很简单，和对方说的话，能和门口的老大爷讲不？能就不算，不能就算。

此外，注意不能与异性朋友单独相处，集体活动比较合适。

守住自己的心，以平等之心待人，备胎位太伤人。

设置追求门槛，筛选出自己的真命天子

交际圈扩大后，其实女生会面临着这样一个问题：在诸多的追求者中，应该优先筛选对你有更多热情的，这样才能更顺利地走入一段长期关系。

那么，设置门槛，考验对方的诚意，引导对方投资，就变得非常重要了。

但是在设置门槛后，难免会产生这样那样的副作用。很多男生似乎因此觉得女方不够热情，就直接撤退了。那么，在设置门槛的时候，我们应该注意什么呢？

【案例】

“我现在有一个追求了我两个月零五天、每天联系我的男生。第一次见面的时候他就很有排场地开跑车来见我，现在虽然也愿意随时开一个小时车来找我，但是没有像一开始那样送礼物和殷勤地买小点心了。目前他以还没安下心来为由表示再考虑一下，感觉他开始止损了。我要怎么做，或者怎么提升自己，才可以让他加大沉没成本呢？”

从来信我们可以看出，设置追求门槛，最大的风险就在于，男人可能因为你设置的高门槛而误以为你对他没有意思，或者觉得自己没有机会而撤退。因为，不断的挫败会让男人产生习得性无力感。

所谓习得性无力感是这样的。曾经有科学家做过这样一个电击狗的实验。他们在笼子里关了一只饥饿的狗，然后在喂食口处放入食物。当狗去吃食物时，他们就会对狗实施电击。狗痛不欲生，放弃进食。稍后，他们再次把食物放入喂食口，当狗去吃食物时，再次电击。这样循环往复，到最后，即便狗饿得受不了了，它也不再去做任何吃食的尝试了。这种因为屡次受挫而放弃努力的让人倍感无力的感觉就是所谓的习得性无力感——因习惯性得到的结果，而对努力的过程感到无力。

也就是说，当男人不断进攻，却没有收到任何效果的时候，你想让他保持持续的斗志是很难的一件事。你总想马儿快跑，又不想给马儿喂草，确实是件很难的事。

那又应该如何让男人对你上瘾，在保有手中筹码的前提下，给予他一定的鼓励呢？

我们可以试着去想，能让人丧失理智、成瘾成魔的一种娱乐活动是什么？

对，就是赌博。

所谓的赌场的规则就是：制造不可得性又给赌徒们易得的幻象。

好吧，请记住，这就是我们的大原则，我们再来重复一遍：制造不可得性又给赌徒们易得的幻象。

接下来，具体怎么操作呢？

简单地讲，“门槛”与“期限”一定要一并给出，这样顺利推进双方关系，就会变得更加容易。

门槛

其中的“门槛”最容易理解，也就是说，需要你为他追求你设置一定的障碍。但这里也要做一个简单的解释。也就是说，我们需要给我们的门槛一个合理的解释。不然，过高的门槛一定会吓跑你的追求者。

如何设置门槛呢？你不用教他，只要引导他自己思考就好，因为男人最讨厌女人做他的老师。你可以温和地问他：“如果这个世界上只有两种女人，一种是易得手难相处的，一种是难得手易相处的，你会选择哪种？”

“对于一个女人的脾气秉性，你可以通过日常的观察逐渐了解啊。这也就是我为什么说我们不要太心急，要慢慢来的原因咯。这也正是给你机会和时间好好认识我呀。”

其实呀，古代的女人也很会倒追，并且巧妙地让男生以为是自己主动发起追求的呢。看看三国里面的貂蝉，倒追吕布的时候，都没忘记设置门槛。

话说，是貂蝉的养父司徒王允想把貂蝉送给吕布。那怎么让吕布动心呢？总不能把养女直接塞给吕布吧？就算绝色美女，没了门槛，男人得到后也会觉得索然无味。王允是这样设计的。他请吕布来到他家，然后献上一顶宝冠，宝冠上缀着一颗夜明珠。吕布得到后，果然爱不释手。王允趁机对吕布说："这颗夜明珠是小女亲手为将军缝到宝冠之上的。"于是，吕布就来了精神，非要一睹芳容。司徒王允就这样，把貂蝉的主动追求行为变成了被动接受追求行为。见到貂蝉后，吕布果然心有所动。那么貂蝉马上答应吕布了吗？当然不是，也得设门槛。王允让貂蝉回到房间，然后跟吕布说："小女平生有三不嫁：不是盖世英雄不嫁；人才不出众不嫁；爵禄不高不嫁。"这吕布心下暗想，越想越开心，因为这门槛简直就是给自己量身定做的。暗喜的另外一个原因是，天下除了他，就没人能和他争貂蝉了。看，明明是貂蝉的主动追求行为，在吕布脑袋里已经被逆转成自己的主动追求行为了。多赞！有轻微的倒追倾向的妹子也可以赶紧学起来。

别以为单单设了门槛就万事大吉。《三国演义》中还有这样一个故事。

话说，刘备取下桂阳后，任命赵云为偏将军，取代了投降的赵范。降将赵范想讨好赵云，就想把自己家寡居的嫂子樊氏许配给赵云。这樊氏也有三不嫁："非文武双全、名闻天下者不嫁；非相貌堂堂、威仪出众者不嫁；非与家兄同姓者不嫁。

（樊氏亡夫也姓赵。）”好吧，貂蝉的三不嫁，樊氏学得倒是挺不错的。结果呢？赵云听了赵范的一番言语后，愤然拂袖而去，没搭理樊氏。

为什么呢？因为貂蝉同樊氏的伴侣价值不可同日而语。貂蝉是中国四大美女之一。三国中虽描述樊氏有倾国之貌，但哪里能和貂蝉相比。再说樊氏还是降将的嫂子，赵范人心难测，恐日后生变。赵云想：凭我的人品和相貌，天底下哪里找不到好女子。你就一寡居降将的嫂子，还设置门槛给我，我何必就范？

所以，所谓门槛的提出时间很重要。一定要是对方想追你的时候，才能提出。如果对方本来就没看得上你，你还提门槛，简直就是自取其辱呀。

好了，门槛我们解释得差不多了。简单地讲，就是在对方发起追求行为后，设置门槛，当对方开始后撤时，给门槛以合理的解释。

如果对方想止损，要这样说：“你追了我这么长时间，你说我有没有动心？当然有。可是，就好比我面对美食，也会动心，但我会因为要减肥而克制；就算我会对帅男动心，但我也会对欲望克制……因为，我知道，一旦我由着我的欲望，快步和你走入男女朋友的阶段，那么我们也就进入了恋爱中的排他阶段。我们就要开始对彼此保持忠诚。从那时起，你不能再去追求任何人，我也不会再接受任何人的追求。如果日后分手，别人问起我谈过几次恋爱，那我会如实地回答说：一次。如果你觉得你承担得起这个责任，我们就继续往下走；如果你暂时做不到，我给你时间仔细考虑清楚。我不是随便的人，我爱上的人，也不是普通的男人。”

期限

1. 进度时间表：约会2周就可以让渡“牵手”筹码，进入准男女朋友阶段。如果不是每天约会，而是一周一次的话，大概四次约会后，也可以让渡“牵手”筹码了。案例里的女生，有两个多月都没让渡“牵手”筹码，男生想止损也是正常的啦。

2. 约会，约1~2个月，让渡“亲吻”筹码，进入男女朋友阶段。这个阶段一定要将恋情公开，进入排他阶段。如果是办公室恋情，也要在各自的朋友圈内公开，避免自己被动成为“第三者”。

明确告知期限：如果这个期限内，男方表示出猴急，可以明确告诉他考核期限。比如，刚刚进入准男友阶段，男友就想kiss，把他推开，然后告诉他，我对你有2个月的考核期。如果通过考核，你才能真正成为我的男朋友。如果你只负责推开，不负责解释期限问题，是男人都会想止损的，而且会有很深的挫败感。

当你能够很好地对“门槛”和“期限”进行应用，又能在每次约会中展示可得性，温柔、娇媚，吸引力无限，引导对方投资，其实真的并不难。

如何判断他是不是喜欢我

你开始同不同的男生约会，其中有你心仪的人，也有你觉得还不错，可以尝试发展的人。你有了自己的交际圈子，但你似乎变得越来越茫然。

这么多的男生，到底哪些对我才是有诚意的，我又应该如何筛选出他们呢？

因为女性在两性交往中需要承担更大的风险，也就是说，即便这个男生乐意和你交往，你也需要冒着一定程度的亲职投资不确定（Parental investment uncertainty）风险。

比如，长期恋爱无法走入婚姻的风险，意外怀孕的风险，或者婚后生育子女无法得到男方亲职投资的风险。因此女生天生就会设计一个较高的门槛，来筛选乐于在她们身上投资的男性，说白了，约会男生埋单就是女生在启动她们的配偶筛选机制。

除了通过让男生主导约会来确定男生是不是真的乐意走入这段关系，判断一个男生喜欢不喜欢一个女生，其实也不难。

1. 看这个男生对女生的服从度高不高。如果女生提出什么要求，男生都不乐意服从，或者服从度非常低，那么，通常都是不够爱的。

2. 看一个男生对一个女生的三项投资——时间、精力、金钱是不是都到位。如果有一项以上的重大缺失，那么通常都是不够爱。

3. 有人说："坏男人照顾你的情绪，好男人照顾你的生活。"当然，如果你运气好，可以遇到既照顾你情绪又照顾你生活的男生。但是，如果这两部分他都没有照顾到，那一定是不够爱了。

4. 随着恋爱关系的推进，要看男生有没有将他的亲友介绍给你认识，让彼此生活的圈子互相融合。如果迟迟拖延不给引见，还给出各种借口，真心建议女生尽快换人。再次强调一遍，不公开关系，就不算进入排他阶段，就不算是正式的男女朋友，两人都应该保有自己的选择权。而且，在这种不被公开的关系下，女生是很容易被"小三"的。

在判断了对方喜欢不喜欢你的前提下，你当然希望有些办法可以帮你筛选出靠谱的男生。

男生有以下问题，请果断拉黑。

1. 给出免责声明的，请果断拉黑。女生需要读懂男生的免责声明。

比如，对方在言语中表示：“我不敢耽误你。”他的意思就是：“我会耽误你，不会娶你，如果你乐意当我的炮友，我不介意，但你不能耽误我去寻找我的终身伴侣。”

“我担心自己罗曼蒂克不起来。”——“我对你没感觉。”

“好男人多的是，何必在乎我一个渣男。”——“我就是个渣男，相信我。”

“你必须降低对我的期待。”——“你不要对我有任何指望。”

“我不喜欢别人逼我。”——“你得让我说走就走。”

“我们迟早要分开的，我太了解自己了，我不想伤害你。”——“我一定会伤害你的，我说过的。”

“虽然我很喜欢你，但我被前女友伤得很深，很难走出来。”——“我没那么喜欢你，对不起。”

“虽然我很喜欢你，但是我的父母不喜欢你这个类型的。”——“你不是我喜欢的类型。”

“我就是个loser（失败者），和你在一起，我很自卑，我觉得自己配不上你。”——“我不喜欢你。”

“你不要多想，我就是把你当成红颜知己而已。”——“我不喜欢你。”

“我一直是个花花公子，直到遇到了你。”——“直到遇到你，我还是不会改变我的本性。”

2. 具有明显短择倾向的，拉黑。

初次约会就动手动脚，牵手、亲吻、搂腰，这些急于碰触肢体的，具有明显的短择倾向，请果断拉黑。

过快展开性话题的，比如不熟悉的时候就问你过往床上经验，说黄色笑话，讨论体位的，果断拉黑。

过快表白的——这是速推手段的一种——拉黑。

主动坦诚过去有劈腿经历的，有多偶经历的，多偶特质明显，不顾及女方感受，很可能是想短择你，拉黑。

3. 不愿进行亲职投资，甚至要求女方承担亲职投资的，请拉黑。

向女方借钱，过分在意女方家庭背景的，坚决拉黑。

总让女生请吃饭，不愿意买任何礼物的，请拉黑。

这其实不是小气不小气的问题。如果仅仅是为人小气，但对女方大方，是可以考虑的。但是，如果不乐意投资在女方身上，那么婚后，特别是孕期，女方的负担会很重。关键不是负担的问题，而是在这样的情形下，女方一般都会有很重的付出感和怨气，这是破坏亲密关系的重要原因。

4. 物化女性的，坚决拉黑。

比如，说一定要生个男孩，如果怀了女孩就打了再怀。

5. 人格不健全的，坚决拉黑。

6. 情绪不稳定、做事偏激的，拉黑。

7. 你拒绝对方，对方还当众表白的，拉黑。

8. 负能量爆棚、戾气重的，拉黑。

9. 过分自卑、过分懦弱的，拉黑。

10. 有各种瘾，如网瘾、毒瘾、嗜赌、酗酒的，拉黑。

如何判断单偶特质男

除了通过门槛，筛选更加有诚意和自己相处的男生，剔除不适合的对象，很多姐妹都非常想知道还有什么方法可以判断出什么样的男人更靠谱，婚后出轨概率更低。如果可以在约会初期就分辨出来，那就可以节约很多不必要的时间了。

的确如此。这个世界上的男人，原本就有人具有比较明显的多偶特质，有人具有比较明显的单偶特质。

那什么样的男人，单偶特质更加明显呢？

评价的标准有很多条。其中，我觉得如果一个男生同时具有比较明显的道德焦虑和社交焦虑，那么他单偶的概率会更高。因为，他在多偶的时候，支出的成本会比较高昂，甚至高到让他觉得得不偿失——焦虑值大于愉悦值。

所谓社交焦虑，就是一个人和一个陌生人发生社交关系时，产生的紧张、害羞等焦虑情绪。特别是跟异性互动时，他会比较害羞，心理上会比较有压力。有的人社交焦虑会比较明显，有的人则会没那么明显。我这种人，就属于社交焦虑比较明显的人。如果我迷路了的话，甚至不太喜欢去找别人问路，就是因为自己具有比较明显的社交焦虑。

而绝大多数参加PUA（Pick-up Artist，诱惑的艺术，出自《把妹达人》）培训的男生，其实就是在通过重复训练，克服内心的社交焦虑。而天生社交焦虑低的男生，大抵是不需要参加这样的培训的。

另外一种焦虑就是道德焦虑，指的是在一定的道德框架之内，突破道德束缚会不会给他带来心理上的压力。比如，在和一个女生还没有确立恋爱关系、还处于暧昧期的时候，在他有女朋友的情况下，甚至在他有老婆的情况下……他再去追求其他女性，他有没有道德上的障碍，这些行为会不会让他产生心理上的焦虑。

有一种人，社交焦虑和道德焦虑都很低，这种人就属于具备社交天赋的人。这种人肯定找男朋友、女朋友都非常容易。

而道德焦虑值和社交焦虑值都比较高的人，则具有更多单偶的特质。

就好比，有的男生会隐瞒自己在单身时期通过微信认识身边的人这样的事情。其实，比起那些坦然承认，甚至以此为荣的人来说，他的道德焦虑相对会更明显一些。因为，在单身情况下，通过微信附近的人去认识异性，这不属于什么道德问题，但他自己却会觉得不好意思，他本身觉得这样不太对，所以他下意识地就隐瞒了。

他隐瞒是因为他觉得“不对”。

但一个没有道德焦虑的人，可能就会直接发出免责声明：“我就是有很多女朋友呀，你愿意跟我就跟我了。”对于道德焦虑感非常低的人来说，说出这样的话，对他自己而言，根本就没有什么道德焦虑，没有什么心灵成本。

希望“道德焦虑”和“社交焦虑”这两条金指标可以帮你有效筛选出属于你的单偶特质男。

如何在社交活动中保持淡定的心态

扩大交际圈，降低对特定的人的需求感，确实会让你看起来具有更高的社交价值。但是，也不可避免地会带来一定程度的副作用，就是当你面对各种各样的社交对象的时候，你很容易受到他们言行的干扰，从而影响你对自我价值的判定。现在，我们来看这样一个例子：

来信：相亲第一面，我犯了一个特别傻的错误。对方是我喜欢的类型，可是他跟我说话老看手表，我觉得他不尊重我，有种被他挑选的感觉。所以我就说："我平时工作接触的都是企业大老板之类，不知道你会不会有压力？”我自己也知道这是气话，就是想压过他的气势。

结果后来介绍人说，人家家里是真的有事，才会一直看手表，人家对我的颜值、素质都满意，就是觉得hold（控制）不住我，觉得我自我感觉太好：“接触的什么老板跟我有半毛钱关系呀，我不就是个普通公务员嘛。”我听了特别后悔。其实我是特别居家的人，每天下班就回家做做甜品煲煲汤。当时真的是因为他一直看手表，我觉得他不尊重我，才这么说的。这是昨天相亲的全过程。我想听听你的意见，我还能挽回他吗？

回答：在现实生活中，经常有女生被对方嫌弃不成熟，甚至有不少因为被嫌弃不成熟而被分手的案例。可是女生又会经常摸不着头脑，不知道这所谓的不成熟是指什么，自己又应该如何改善才能让恋情变得更加顺畅。其实这封来信中的姑娘的故事，就体现了她的不成熟。不成熟的女生，会在一些事情不明朗的时候，轻易去做一个相对“恶意”的推定，来试图保护自己。比如，对方看表，其实我们心里会有两方面的推测。一方面是，像你说的，可能是对方不尊重你；也有一种可能，就像他说的，他家里确实有事，所以不停地看手表。也就是说，对方的善意、恶意可能各占百分之五十。

我们不能说，他的这种解释就一定是真实的，但我们在决策的时候，需要把这两种可能都考虑进去，然后去制订一个可进可退的策略。就比如说，他不停看手表，你心里已经不满了，但如果当时你表现得比较文雅，比较高情商，那么，在他给出了合理的解释后，如果条件成熟，你们仍然是有继续走下去的可能的。但是如果你启动的是恶意推定的话，那么就相当于你自己把自己的plan B（方案B）给删除掉了。所以，如果想恋爱过程更加顺畅的话，我的建议是，尽可能不去启动你的恶意推定。这可能是比你这次相亲失败寻找挽回方法更重要的一件事情，因为它决定的并不是某一次决策是否正确，而可能会决定一系列的决策，并让你的人生产生一系列的连锁反应。

简单地讲，在相亲活动中，确实会出现这样那样的意外，但是保持淡定的方法，就是尽可能地用“善意”去推定对方的言行，即便对方的行为对你的自我价值判断有冲击，也要有一个明确的自我价值定位，不要轻易受对方言行的干扰。

此外，还有一点就是，你觉得可能是因为自己的表现不好导致约会失败，这个归因也不一定就是正确的，因为毕竟是第一次见面。我并不觉得你的表现是一个非常致命的问题，所以也就谈不上挽回不挽回的问题了。

如果他对你有意，他对你的素质、颜值都很满意，绝对不会因为这一点点小事，就把你否定掉。如果就因为这件小事，影响到你们继续相处，这正证明了，你们之间也许并不合适。这些问题，既包括你的推定模式，也包括他的沟通模式。如果说你的表现有瑕疵，其实他的表现也是半斤八两的啦。因为他当时应该明显感觉到你的感受，应该及时地做出合理解释。他不解释，引发你的误会，他多少也有些责任，不是吗？

再有一点就是，我们在谈话的时候，不要轻易地觉得他们的言行有攻击自己的目的，不要轻而易举地把别人的反应作为评判自己行为优劣好坏的标准，不要总把结果和自己的行为挂钩。这个世界的运行本质是非因果律、非逻辑性的。只是我们人类为了理解复杂的世界，习惯用因果律和逻辑性来解释看到的一切事实罢了。所以，我觉得，在恋爱中，我们不妨保有相对开放的心态。不要觉得别人的一点反应，就是在诋毁你、批评你，是他在挑选你，也许那只是他自己的行为。

最后我们来做一下原理总结和归纳。在所有的沟通中，都包括三个层面的沟通：

1. 事实对话。
2. 情绪对话。
3. 自我认知对话。

而相对成熟的沟通模式则是，透过情绪和自我认知对话，直接去面对事实对话。

比如，对方看表，就直接询问对方看表的原因，这就是事实对话。如果对方看表，你的反应是情绪先跑出来说话，就会因此而感到愤怒，这就是所谓的不成熟。因此就会产生自我认知的失衡，觉得对方在挑选自己，那么只能证明自我认知不够明朗，容易受到别人的行为的干扰。这也是不成熟的表现。

改掉情绪先行、自我认知易受外在干扰的习惯，你就能够成为一个成熟的人了。

聊到这里，突然想起，曾经有人问过我，如何才能有一个对自己的客观评价。我想说，我对自己从来就没有什么客观评价，因为明天我就又会是一个更优秀的我了，为什么要有眼下的客观自我评价呢？我的进步快着呢。再说了，其实这个世界上哪里有什么客观评价，最多存在的只是你对自己的主观评价和别人对你的主观评价而已吧。

如何拒绝不适合的追求者

开启社交生活后，你会发现，你开始遇到一些你喜欢的男孩子了。但是，不可避免地，你也会遇到一些喜欢你，但你是真心不喜欢的对象。更糟糕的是，也许其中一些人的缺点，还是在约会一段时间后，甚至是确定了男女朋友关系之后，才被你发现的。那么，如何拒绝不适合的追求者就成了一个大问题。

在拒绝对方的时候，其实有几条禁忌，是需要女生明白的。

1. 不能通过贬低自己来让对方主动放弃。

比如，有的女生为了让男生知难而退，会故意表现出不喜欢做家务、喜欢和其他男生约会等本不属于自己的缺点，想用这样的方法让对方不再纠缠自己。这样的方法其实不太好，因为女生要爱惜羽毛，珍惜自己的口碑，不然一传十十传百，名声会越来越难听。这些自贬身价的故事被人扒出来津津乐道也不是好玩儿的。

2. 为什么不能说不合适?

“对他明确说，没感觉，我们不合适。”这样也不行。你这样拒绝他后，他会回寝室和哥们儿商量如何让你有感觉，最终的结果，很可能是强吻。也可能他会因此锲而不舍，等到你发觉他的沉没成本越来越大时，你越发不敢拒绝他了，因为弄不好，他会恼羞成怒，做出一些出格的事情来。不让不心仪的追求者继续投入沉没成本是起码的道德吧。

3. 为什么不能直接说?

因为男人在恋爱中最看重的是尊严，女人最看重的是情绪。

你觉得你直接说，自己不用承担心灵成本，人格高大了，但对男人来说，这是最大的羞辱。

这个时候，我们必须学会用男人的思维和男人对话。女生拒绝男生，千万不能让他知道拒绝他的真实理由——如果是距离等外在原因，可以说出来；如果是因为他鼻毛长在外面，或者是因为他不够有钱，这些不能讲。反正一切有可能挫伤他自尊心的话不能在拒绝时讲出来。记住，不能讲拒绝的理由。

既然以上的方法都不可以，那么我们究竟应该怎样做才好呢?

1. 标准动作就是说“忙”。

因为男人都是这样和女生分手的。男人对女生不断地说忙，就是他们想分手的意思。如果他们直接跟你说“分手”，那就根本没挽回的余地了。一个男人得多想分手才会直接说出“分手”这两个字呀。

所以，当你说“忙”的时候，他们多半就会明白了。

他打来电话，你可以不接，或是接起来后告诉他你很忙。

总之，你“总是很忙”，忙到没时间联系，忙到没时间和他聊天……

因为，男人是竞争翻篇儿模式。如果你直接拒绝，就意味着他败了。他要么找一个合适的时机再次反败为胜，要么会因此一直耿耿于怀，到处说你的坏话。

但你忙，只是意味着竞争没有结果而已，相对来说他更容易接受。

这也就解释了，为什么男人们打死不肯直接拒绝女生或者直接提“分手”。

真的不是因为他们坏，而是从他们的逻辑出发，这样的方式对对方的伤害最小。

所以，你也可以试着学习一下。

2. 如果有机会暂时外调也是很好的方法。

恋人之间通过拥抱产生催产素，这是很好的情感黏合剂。一旦出现异地的情况，由荷尔蒙起作用主动发起追求的男方，一般相对会进入一个更加冷静的状态。而且，男人们都是视觉动物，当他看不见你的时候，对你的感觉也就会渐渐淡了。

3. 向他借钱。

如果遇见你很讨厌的小气又喜欢占便宜的追求者，你可以考虑向他借一大笔钱，直接把他吓跑。

如果他借了怎么办?

接着借。

直到吓跑。

最后隔段时间把借的钱当面还给他。

4. 如果你觉得对方暂时达不到你的要求，给他机会。

如果是你觉得配不上你的男生，可他偏偏还是猛追不舍怎么办? 给他一个大目标。比如，我的一个研究生美女朋友就遇到了一个追求者。美女朋友嫌弃他的本科学历，于是跟他说："你先考上研究生再说。"这样，男生就会觉得打败他的是"考研"，而不是你，就不会迁怒于你了。

就算他真的考上了研究生，一来你们仍有继续发展下去的可能；二来，也许时间久了，他见不到你，慢慢地感情就淡了，又或者人长大了，成熟了，也就没那么钻牛角尖了。

5. 给段缓冲期。

在缓冲期内，你可以逐渐地降级你们之间的关系。比如，从过去的一周两次约会改成一周一次，约会时间逐渐减少，从主动发消息变成仅仅是偶尔朋友圈点赞，再到他多次主动联系你，你不再回复。一般明事理的追求者就会明白你的意思了。

如何在约会中聊天聊到对方的灵魂中

很多女生都会觉得，不知道约会的时候应该聊些什么，特别是遇到自己心仪的对象的时候，表现得就会更加失常。那么如何才能在约会中聊天聊到对方的灵魂中呢？其实，方法很简单：在同理心基础上，冷读，适当说出实情，特别是说出对方的感受，表达自己也有同样的感受，体贴地给出对策，听到这样的话，对方瞬间就会被俘获。

这里，我们先来讲讲何为“冷读”。

所谓冷读，就是说出对方心中所想。它其实没有那么神秘，从心理学上来说，它利用了“安慰剂效应”“巴霖效应”。当然，“冷读”只能看成沟通中的一个小技巧，而非真正的“读心”，也非科学，但在同理心的基础上，会有较高的命中率。

我们来举个例子：

好巧杀：在约会中，如果察觉到对方不太喜欢开口说话，性格十分内向，就可以说：“勉强自己拼命说话，是不是有点儿累？其实说实话，我也是这样一个内向的人呢。不如我们安静地坐一会儿吧。”

优点杀：所有的缺点也许从另外的角度来看，也是优点。比如，对方说自己喜欢冲浪，很多人觉得他幼稚，但是可以这样巧妙地夸奖他：“我觉得平时好好工作，到了假期就尽情放开玩，这才是成熟的体现。”

以此类推，我们在所有的缺点中，都能找到它所蕴含的优点。比如：

懒：一般懒人通常没什么野心，好相处。

爱冷战：其实这样的人，情绪控制能力很强，也很在意他人的想法。

玻璃心：其实这样的人，通常很善良。

没毅力：这样的人，往往对这个世界充满了好奇心。

幼稚：单纯，善良，没心机。

胖：心广体胖，不爱计较。

做事慢：往往谨慎细致。

没什么竞争意识：人际关系比较和谐。

其实，每种缺陷中都蕴含着价值，找到其中奥妙，方可打开对方心结。这时，对方一定觉得面前这位是超级懂自己的女人。很多习惯改不掉，能够接纳这些习惯的对方，一定就是懂自己的人。

瞬间聊到对方灵魂大概就是这个意思吧。

当然，副作用是，以后真在一起了，你也要真的接受他的这些缺点哦。

如何成为提供情绪价值的高手

恋爱中，你的自身价值中的情绪价值其实是非常重要的一个加分项。很多时候，你能否收获愉悦的恋情，与此大有关系。

1. 何为情绪价值?

简单讲，如果你可以让对方愉悦，又或者有驾驭他人情绪的能力（如推拉、吊打、施虐、预期管理），可以让对方的情绪产生起伏，并在起伏后满足对方情绪，那么就都是你在提供情绪价值给对方了。

幽默感、温柔、会撒娇提供的是前一种情绪价值。会推拉、吊打、施虐、适度后撤、预期管理提供的则是后一种情绪价值。

而别人让你不爽时，你仍可不回击对方，则属于被动支付情绪价值给对方。

比如：你跟着师傅学习，师傅严厉指责你，你觉得你在受气；又比如：你被老板骂，不敢回嘴。这些都是被动支付情绪价值。

2. 举例说明。

最简单的例子：你回到家，妈妈给你做了一大桌子饭，你很爽，这是妈妈支付现实利益价值给你了。你会开心感恩。可是，如果你妈妈接着开始啰唆你，啰唆两句还好，啰唆多了，到了一定程度，不爽感大大超过爽感，这就是你被动支付的情绪价值超出你获得的现实利益价值了。于是，你开始不开心，想走人。当你真的忍不住要走时，你支付的情绪价值已经超过一桌子饭菜了。最基本的，言语中尽量不要有贬义词。你发现你不喜欢妈妈唠叨，一定是因为她的言语中有很多贬义词。比如：怎么找不到对象啊？怎么不上进啊？换作志玲姐姐，她不会贬损你，她会说：加油！

又比如，你作为领导批评别人的文案做得不好，对方会不爽，你再提出一个合理的修改意见，支付了现实利益价值，这个坑就填满了，平了。

再比如，亲人去世，是一件特别损耗情绪价值的事情。很多伴侣会在一方家庭出现类似变故的时候，感情受到影响。无外乎就是能量守恒，虽然伴侣可以在一定程度上安抚你的情绪，但如果你始终去透支对方的情绪，最后崩盘的会是感情。做到为自己的情绪负责，是一个成年人应该具备的基本素养。

3. 女生如何提供情绪价值给对方?

作为一个女人，想提供情绪价值啊，你天天玩儿，不愁钱，做SPA（疗养），吃美食，买新衣服……这些时候你开心不?还挺开心的对吧。对方打电话给你：干吗呢?你回：吃甜甜圈呢。你说，对方是不是觉得好像也被快乐感染了?

情绪价值就好比上层建筑，有经济基础和空余时间，自然很容易就提供了。

总之，它是高价值的一个高级阶梯。

看个韩剧哭得死去活来，你还得充个爱奇艺会员；去捧郭德纲的德云社，也得花钱买张门票，这都是购买的情绪价值。

不然，你能忍受老板骂，不吭声，也算是被动支付。

有人说：我跟男友说我在逛街，他也不开心啊。

逛街不是关键，而是你逛街时自己开心不开心。

这种开心有没有感染到对方?

还是对方很穷，不喜欢女友逛街花钱，听到你逛街自然不爽啊。

又比如，男生是焦虑型人格，特别想你黏着他，你逛街陪不了他，他也不爽啊。

对吧?

想天天吃喝玩乐，自然也要有一定的条件，如果没这样的条件，那么去读书吧。

读书可以让人心平气和，人的气场中正，对外在的人生起落就会看得没那么重。

对方打电话给你："最近工作好烦哦，回家路上车还被剐了。"

你回："嗯……不如我给你唱段《天涯歌女》？我唱得可好听了。天……涯……呀……海……角……颤音儿颤音儿……"

就像网友所言："有个老师骂我们上课吵闹时说过，人要酝酿一个好心情是很不容易的。只不过在贫穷和苟且的年代，不强调好心情罢了。"

提供情绪价值的基础就是：吃好喝好玩好睡好充实好大脑，再加上适度的推拉，偶尔漏接个电话，不回条短信。

就个人而言，我觉得情绪价值没那么玄妙，不过是个人素质修养的一种体现，是两性关系的润滑剂，在长期积聚的情况下，它的效能会慢慢累积。日常生活中，我们需要从偶尔肆意地从他人那里掠夺开始做起。

4. 提供情绪价值的能力如何培养？

大家都明白，适度的夸奖，可以让对方心情愉悦。但仅仅嘴甜，会夸人，是远远不够的。

提供情绪价值最重要的不是嘴甜，如果光靠嘴甜就能创造价值供给爱情，那可就好咯。可问题的关键明显不是哦。

情绪价值的基础是情绪稳定。

所以，不可以平日里嘴上像抹了蜜糖，但生气的时候，就控制不住自己的情绪；不可以动不动就跑去给男人一个嘴巴，动不动就跑去狂敲人家大门，动不动就花盆花瓶砸碎一地，动不动就口不择言地说"我要让他身败名裂"……

呃，好比做煎蛋，可你却没有蛋。

强大的情绪稳定能力，会让你受益颇多。

淝水之战前夕，战前统帅谢安却闭口不谈御敌之事，从从容容，好像没事儿一样。他还吩咐家人和姬妾，一同去东山别墅游山玩水。山林间，小溪旁摆下了棋盘，谢安与兄弟和子侄轮流下棋，开始了车轮大战。谢玄暗自着急，但又不敢问。谢石是谢安的弟弟，他知道自己只能空挂一个大都督的名，有谢玄在，也就什么都不问了。

谢安不慌不忙，行棋如行云流水，下得潇洒自如，得心应手。而谢石、谢琰和谢玄这些人，一个个心事重重，心不在焉，心里惦记着战事，棋下得前后矛盾，不是昏招败招，就是漏招臭棋。一个个就都败下阵去。

直到日落西山，谢安才兴尽而归。

三人深受谢安的感染，知道谢安定是胸有成竹了，所以回去后，各司其职，各练其兵，兵民们一看，也是人不慌，国不乱。军民上下，严阵以待。

……

其实，谢安在大战来临前，就真的做到心如止水了吗？其实也不然。

话说谢安以少胜多，打败了苻坚，回来报喜的士兵把消息告诉谢安时，谢安正在下棋，脸上看不出任何的情绪波动。

等棋下完了，送走客人之后，谢安就高兴得手舞足蹈了起来，转身进门时，一脚踢在门槛上，把木屐的齿都踢断了。

看，这就是情绪稳定的巨大力量。如果你实在控制不住情绪的起伏，像谢安这样，尽可能不让别人看出你情绪的起伏就好了。

当然，如果真的可以修炼出宠辱不惊的淡定心态，那就再好不过了。

人不慌，国不乱。军民上下，严阵以待。

治国如此，操持小家也如此。

操控他人情绪的基础，一定是学习操控自己的情绪。

【具体的方法】

第一步：要做到可以区分自己和自己的情绪是两回事。

下面这个练习可以帮到你：

找出一个小本子和一支笔，随身携带，随时随地记录下自己的情绪，也就是一旦觉察到内心有了情绪，心里不再平静时，就记录下来。格式可以是这样的：

时间：早上8：00

地点：地铁上

事情：去公司上班

情绪：有点儿急，因为怕迟到。

练习：

时间：

地点：

事情：

情绪：

坚持两到三周，你就会成为自我觉察高手。这就为自我情绪管理奠定了基础。

第二步：自己可以操控自己的情绪。

夺命连环call(召唤)就是情绪在控制你。首先，你得区别；其次，你得可以驾驭。而太多人根本区别不了自己的情绪和自己的关系。哲学上有一个很有趣的名词，叫跨过自省的门槛。简单举个例子：猪在吃东西，猪知道自己在吃东西。人在吃东西，人知道自己在吃东西。人知道自己知道自己在吃东西。这就是人作为万物灵长的依据。同理，你在发脾气，你知道你在发脾气，你知道你知道自己在发脾气，你可以决定自己发不发脾气。这就是跨过自省门槛的万物之灵长。然后，你可以决定自己接下来是要继续发脾气还是不发，推定发更有利，还是不发更有利。你还可以决定在已经没脾气的前提之下，装作发脾气还是不装作发脾气。发脾气有震慑他人的作用，也不是完全没必要发，一切得看环境和资本。“情绪价值”的自控是需要自控力的。基础还是得吃好喝好睡好，保证基本的体能。然而，当天需要消耗自控力的事情不多，比如节食、考试、处理工作压力。因为，人的自控能力也是恒定有限的，在这里消耗，在那里可能就会没有余量了。

当然，夸奖也是在提供情绪价值，但夸奖的能量内核应该在于真诚和同理心。

有价值的东西一定是价值换价值的，不是空的、假的、虚的。

真诚和同理心有价值。

正面情绪很容易消散。比如听了个笑话，笑过就笑过了。

负面情绪则不会轻易消散。比如被老板骂了，你不爽，回家看儿子就想骂他。

情侣之间的负面情绪总是互相之间跑过来跑过去，积聚起来，杀伤力就大了。

就好比，肚子不舒服，吐也不要吐在睡觉的床上，不然洗干净了，也不想再睡了。

所以，如果脾气不好，能做到缓一缓再发脾气，就已经很好了。

此外，注意，负面情绪具有一定的附着能力。尽量不要在居家环境中争吵，如果一定有事情协商，尽可能约在外面，不太常去的咖啡厅会比较合适。

越有钱，越容易提供情绪价值？

当然，如果你本身的其他价值够高，那么可以缓解一部分坏情绪带来的影响。比如，遇上塞车，如果你家有直升飞机，那么大可以开来，解决你的苦恼。

再比如，如果在你回家的路上车子被剐了，修车大概需要7000块，你很可能会产生负面情绪，回家后也有可能会甩脸色，或唠叨。那么甩脸色、唠叨，就都是向对方索要情绪价值了。但如果你月收入10万，那么剐了车就剐了车吧，你的情绪不会受此影响太大，回家也就不会甩脸色或唠叨了。

但也不要去夸大金钱对情绪的治愈作用。网上流传的一个段子，大抵是如果我有钱，就不会蹲在马路边上哭，而会泡着温泉，敷着面膜哭了。很显然，写这个段子的人不是平日里就泡温泉、敷面膜的人。如果你已经适应了这样的消费水平，那么你在遇见不开心的事情时，敷着面膜，泡着温泉，你还是会不开心呀。除非，你在遇见不开心的事情的同时，突然从蹲马路边上哭的人变成了可以泡着温泉敷面膜哭的人了，那应另当别论。

【具体应用】

我们拿《甄嬛传》里面的甄嬛为例子，简单讲讲情绪价值是如何在两性关系中起作用的。

在一开始，甄嬛是很乐意支付情绪价值的。她容忍皇上的多偶（被动支付情绪价值，忍住不爽），你来找我的时候，我可以保持情绪愉悦，给你开心地弹琴唱曲儿，给你跳舞解闷儿，皇上自然乐意往她这里跑呀。谁喜欢往动不动就给脸色的华妃（她比较自私，好索取）和皇后（她挺唠叨，总教育我）那里跑呀？可是这些支付，都是需要甄嬛通过努力才可以自控的，是处在一个情绪支出的不平衡状态的。但是甄嬛觉得值得呀，因为甄嬛觉得皇上是爱自己的。有了这样的爱，这样的支出就不是单向的，而是双向的呀，郎情妾意，好不开心。简单讲，这是一笔公平的交易，我向你支付情绪价值，你在你有多偶资本的前提下支付你的最多的爱给我。但后来，甄嬛觉得自己是纯元皇后的替身，那所有交换的基础就崩塌了——“你爱的原来不是我呀。”她跟皇上的关系闹崩，也是以此为节点的。但后来甄嬛和皇上的实际上的交易还是可以达成的。

为什么这么说呢？

虽然我向你支付情绪价值，你没有支付真心给我，但是，我作为一个妃子，我在宫里是可以获得一些利益的。特别是，我的家族可以因此受到天然的庇护。

而事实上，在甄嬛被放逐到尼姑庵时，她所面临的非常现实的一个问题就是她的家族因此受到了牵连。她突然意识到：

“如果我把我的视角放得更宽广一些，我可以把我的家族利益考虑进来的话，这仍然是一笔合适的交易。”

特别是她和十七爷有了感情后，她的多偶行为弥补了皇上多偶带来的情绪上的伤害，找补回来了部分情绪价值利益，又加上肚子里的孩子也需要皇上的庇护，所以，甄嬛才不得不向皇上妥协，再次进行利益交换。这个交换的天平又再次摆正。

实际上，很多长久的关系之所以可以维持，从根本上来讲，都是双方筹码的一个平衡。也就是说一段健康的关系，一定是因为双方都可以从这段关系中自然而然地获利。一段一方持续吃亏、一方持续占便宜的关系，势必是没有办法持续的；又或者说即便这样的一方占便宜、一方吃亏的关系可以持续很长时间，但势必也不是一段健康的关系，它里面一定隐藏着各种各样的欺骗、隐瞒与苟且。

恋爱中更“高级”的情绪操控是如何实现的

在了解这个问题之前，我们先来看一个案例。一个5分的男剪子（花花公子类型的多偶男），找到了一个7分的女生做女朋友。

我是男生，剪子，28岁，身高173cm，体重110斤，个人收入一般，家庭条件较好，成年后父母离异，随母亲，颜值5分。女友，20岁，身高170cm，体重110斤，工作不稳定，家庭条件一般，自幼单亲，随父亲，颜值7分。

我是在路上搭讪认识她的，认识两个月后我追她，一个星期后在一起。在一起之后，她每天给我打电话，发短信，很黏我。从追求她开始，我就一直保持自己的习惯，不黏人，并多次提醒她要多看书，少黏人，提高自己的独立性，她不在意。因为她颜值高，我忍受了她太黏人这点，希望日后慢慢教导。

在一起一个月，她主动带我见家长，随后我带她去见了我的家长，家里包了个大红包给她，我们都是以结婚为目的地谈恋爱。在一起快一年了，双方都未出轨，期间多次争吵，都是因为我觉得她太黏我，她觉得我不够热情。昨天，因为我早上没有主动打电话对她说“早安”，她第三次向我提出分手，我再一次同意了，并且我向她提出要求，把见家长时收的红包还给我家人（平常花销我埋单）。她不同意，说这是她的青春损失费。为了这个事，我骂了她，结果现在不能好聚好散，我很苦恼。（本案例来自冷爱公众平台。）

5分剪子找到了一个7分美女做女朋友，还要求对方必须做到不黏人，经济独立。就这样，剪子还是觉得7分妹子高攀自己。因为他提供的情绪价值之高，高到没边儿了。如何搞定剪子？高出对方颜值至少3分，独立，不黏人，经济能力强，容忍对方多偶。

听到这里，我想你一定也会好奇，这所谓的高到没边儿的情绪价值是何方神圣？

ok，那么，接下来我们继续聊聊，恋爱中更“高级”的情绪操控是如何实现的。

结合之前我讲过的内容来分析，在PUA理论中，男剪子操控女生情绪的方式或者说男剪子提供情绪价值的基础是什么呢？

本质上就是他的多偶策略。

你想，好端端谈个恋爱，男生的睾丸素是女生的6~15倍，两人好得蜜里调油，谁比谁的需求度低？除非男生暗中多偶，可以消耗一部分精力，需求度下去了，显得价值高。

女生感觉恋情出现阻力，好吧，阻力成就恋情。（人的大脑腹侧背盖区有一个微小的区域，在爱情受到阻力的时候，会分泌一种腺体，让人有极强的坠入爱河的体验。）女生本能地就会追加投资，投资越多越觉得爱呀，你说虐不虐！

看起来跟韩剧一个套路，其实拆开一看，不就是男生多偶造成女生恋情出现阻力这么简单的事儿吗？

而实际上，女生想要达到一种操控男生情绪的效果，基本上的套路也是一样的。

我们都知道，在情感关系中，男生和女生进行对垒和博弈的时候，男生需要解决的就是他的性欲问题。因为他的睾丸素含量本身就比女生高很多，如果硬碰硬地进行博弈的话，由于男生对女生的需求远大于女生对男生的需求，从理论上讲男生是不占优势的。

此外，自然界通常都需要雄性主动发起追求。这是因为，男性的精子数量多到惊人，所以，男性的性资源相对来说不太值钱；女性的卵子相对较少，而且一旦意外怀孕，女性承担的风险要比男性大很多。

法律也正是基于此而更倾向于优先保护女性的性资源。

以中国为例，男性侵犯女性的性资源，我们可以告男性强奸罪；但女性侵犯男性的性资源，强行与男性发生关系，通常情况下，则不会被判强奸罪。因为男性性资源的价值，还没有高到需要通过法律来对其进行保护。

正是基于男性的睾丸素含量、性需求，以及女性性资源相对于男性性资源更加金贵，因此，在恋爱过程中，女性天生就比男性更加审慎、慢热，需求度更低，这很正常。

但随着恋爱进程的推进，进入一对一的排他阶段后，女性的需求感则会开始升高。与男性的性需求相对应，女性则希望在恋爱关系中获得更多的关爱，也就是说，女生需要解决的是她内心深处被关注、呵护、疼爱的心理诉求。而当这个心理诉求不被满足时，女性就会非常焦虑。这种焦虑类似于男性在与心仪女性相处过程中，无法获得性所产生的焦虑。这种期待获得关注、呵护与疼爱的心理诉求，是女性对男性的需求感的根源。

而降低这种需求度的途径同样可能是多偶且隐瞒多偶行为。因为，当一个女生的心理诉求不被满足时，如果她同时拥有几个伴侣，那么她的各方面诉求便都很容易被满足。比如，她可以同时拥有经济上投资她的人、心灵上慰藉她的人、肉体上满足她的人，她不仅仅有几个伴侣，还有备胎梯队，备胎后面还排着一群观音兵（广东方言，指被女生差来遣去的男生，也可以理解为心甘情愿围着女人转的男人）。

当一个女人拥有更多选择权的时候，当一个女人拥有更多资源的时候，她看起来就会更加淡定，需求度更低。这时，女生就不会那么黏人，你理她也好，不理她也好，她的情绪始终处在一种平和的状态，从来不会患得患失。在这样的情况下，局势势必就会变成一个男生首先发起了主动的追求，并投入了一定的前期成本——时间也好，金钱也好，精力也好。正常情况下，两人的关系正常升级，慢慢地变得蜜里调油，郎情妾意，双方的需求度都开始节节攀升——当然，这是在非常正常的一对一关系中。就在这种男生刚被撩拨得兴起时，女方却突然冷淡了下来——其实我们知道，很可能是她把一部分精力分到了其他对象身上。突然被速冻的男生，本能上的反应不会是后撤，而是追加成本。所以，最终的结果通常都是他投入得越来越多，直到投入的沉没成本过大，这样就几乎完全被女生拿住了。

在成本巨大的情况下，女生偶尔展露欢颜，男生便心花怒放；女生偶尔冷若冰霜，男生就寝食难安。这就是所谓的女生已经可以完全地操控这个男生的情绪了。这就好比，什么时候股票的起落对你的情绪有最大程度的影响？当你的持仓量最大的时候。小小的起伏，都可能会让你觉得惊心动魄。当然，这个时候，你根本就无心世事，心里只有股票，饭吃不下，班上不了，对吧？这种操控对方情绪起伏的能力，也是所谓的提供情绪价值的方式中的一种。

但必须明确指出的是，多偶且隐瞒多偶行为，本质上讲就是欺骗，就是不公平博弈。我们即便不从道德层面对其进行指责，其内心深处的道德感也会给他带来很大程度的焦虑。更可怕的是，习惯于欺骗，会慢慢从根本上腐蚀掉一个人安身立命的基础。

当然，当一个女生的价值远高于男生，又或者女生的选择权远大于男生的时候，女生自然而然会知道，一旦离开对方，自己马上可以获得更好的伴侣，那么她也很容易表现得需求度低，情绪自控度高，漫不经心，淡定自若。

不过，事实是，非常不匹配的男女关系，通常都不会持续太长时间，绝大多数我们可以看见的男女关系，基本上或者大体上都是匹配的。

在《小艾恋爱记》里，我也曾经提到过，骗子行骗，通常也是利用了人性中的这种贪婪。他通常不会直接跟你说，你给我打一百万、两百万，而会说，我这里有一个小投入高回报的事业，你要不要参与进来。

以电话诈骗为例，骗子会宣称，因为中奖，你只需要支付200元就可以获得一部价值1万元的电脑，当你把200元打入骗子账户后，骗子会继续要求你支付500元的公证费用。这个时候，很多人出于人性的本能，就会继续追加投资。

没错，虽然你可能会说，我怎么可能那么傻，当然不会上当。那是因为对于类似诈骗的宣传到位，让你预先知道了骗子的伎俩，但即便如此，仍有很多人上当，骗子们就是利用了人性中害怕失去和贪婪这两大弱点。

我讲这么多，绝对不是希望大家学习这样的择偶策略，而是希望大家可以明确分辨，剪子提供的高情绪价值，它的基础在哪里。特别是，当你明明知道对方多偶，但你仍然没有办法离开的时候，你要明白他的高情绪价值源于何处，你要明白你为这所谓的高情绪价值支付的是什么，你要明白你输在了哪里。这样，要么你可以做到从容止损；要么也会做到输得心服口服，不再继续为难自己。通过欺骗的方式，伪装出的高情绪价值，虽然可以让你获得短期的收益，但会损害你的长期利益。一段自然、健康的关系，才具有可持续发展的能量，对你而言才是有所裨益的。

除了多偶且隐瞒多偶的行为，我们还有没有其他方式向他人提供这种情绪起伏的价值呢？其实，你只需要偶尔漏接一个电话，或者偶尔拒绝一次约会，更多地把注意力放在自己身上，就可以提供高情绪价值了。在一对一的情况下，你只要稍稍用一些合理范围之内的情绪上的拿捏，就可以达到这样的效果了。

此外，我们还可以运用一些推拉呀，延迟满足呀，小幅度的后撤呀，心理学方面的预期管理呀……只要不违背道德准则，作为一种情趣或者是一种情调，它都是可以的。

其实，我觉得比这些提供高情绪价值的方法更加值得我们去学习的是：1. 以空杯心态去看待自己所获得的，不以所获得为理所应当。2. 少去问“凭什么他可以……”，而要从更广阔的视角去看待问题，学着去接纳人与人之间天然的差异，发现自身优点的同时也接纳自身的不完美，并以同样的心态去接纳自己的伴侣。这样，心态自然会更加平和，气场自然更加中正，你传递出来的情绪能量就都是高价值的了。

最后，我们再来简单回顾一下，所谓的提供情绪价值给对方，就是指让对方开心或者让对方的情绪产生起伏。正向的情绪价值包括幽默、温柔、夸奖、阳光、乐观等。拿捏对方情绪起伏，则首先要求你拥有强大的情绪自控能力，具体的技巧有推拉、延迟满足、后撤、预期管理……

推拉

在上一节中，我们讲到，除了多偶且隐瞒多偶这种不道德的提供情绪价值的方法，适度的推拉、延迟满足、施虐、后撤、预期管理则是可以使用的情感调味剂。

那么，什么是推拉、延迟满足、施虐、后撤、预期管理，又如何实施呢?

所谓的推拉，实际上是一种好感信号同非好感信号之间的交错使用，可以让人的情绪产生一种类似于坐过山车一样的体验，会在“推”之后，放大“拉”的愉悦度。

就好比塞万提斯所说，饥饿就是最好的调味剂。

在了解推拉之前，我们需要先弄清楚，什么是好感信号和非好感信号。

好感信号，又称IOI（Indicator of Interest）。常见的好感信号包括：靠近，修饰自我外貌，摸脸，玩头发，集中精力，跟你互动，应和，窃笑，提供价值，触摸你，表示欣赏，发问，贴近你，面对你，试图讨好，服从。

非好感信号是IOD（Indicator of Disinterest）。常见的非好感信号包括：回避，打压，不耐烦，双手抱胸，甩手，心不在焉，毫无反应，不友善，无兴趣，推开你，否定，停止对话，向后仰，面对别处，不服从。

过度IOI会让人倒胃口。比如在好感区女生主动邀约、主动表白、主动汇报行程、多次电话联系、发很多文字信息给对方、根据对方日程调整自己的时间安排以方便约会、对对方的病情表达女友式的关怀……

交错使用好感信号和非好感信号，还可以制造“不确定性”，可以减少压迫感，建立舒适感。其原则不过就是对他人选择权的尊重。当隐约察觉到给出的好感信号过多时，可以用非好感信号减轻一下压迫感。

【举例】

5岁的女孩问男孩：“我可以弹你脑门一下吗？”男孩也是要强，高声回答：“当然啊！来吧！”扬起头来等着，可眼看要被弹时，又紧闭双眼，一脸又害怕，又豁出去了的样子。没想到这时女孩却放下小手，轻轻亲了男孩额头一下……

男朋友说要亲亲，扭头说："不亲。"然后趁他不注意，再偷偷亲一口。

在聊天中，也可以用这样的方式，一拉一推，制造情绪价值。

比如，在日剧《我不是不能结婚，是不想结婚》里，就有这样几个桥段。

段落一：

男主：一直在海外辗转。去了中国香港以及菲律宾、印度尼西亚……

女主：这是在自夸吗？（打压，非好感信号）

男主：哪里自夸了？

女主：因为你一脸得意的样子。（笑，好感信号）

男主：哪有。（笑）

女主：但是应该很辛苦吧。吃的怎么样？（打压，非好感信号）

男主：我很会做日式料理。

女主：又自夸了吧，（打压，非好感信号）一定是让别人给你做饭，（默契地笑，眯眯眼）然后把别人约到家里。（夸男性魅力，好感信号）

段落二：

女主：哎，我说，樱井君应该是猫属性的男生吧。

男主：为什么突然这么问？

女主：喜欢无拘无束的生活。（看着对方眼睛）怎么都这样觉得呢？（点头——冷读，点头引导对方潜意识说yes）

男主：点头。（下意识附和对方点头的动作）

女主：不过，我喜欢狗。（视线避开，属于IOD，非兴趣指标，打压。综合前面给出的IOI，兴趣指标，IOD与IOI交替运用就是推拉的技巧啦。）

男主：你什么意思呀？（笑）别闹了。

女主：好吃呀。（低头吃菜，嘿嘿嘿笑）

男主：好吃什么呀？（笑）

这里画一个重点。注意，女主先说男主像猫，然后是女主先点头的。潜意识里，男主就会迎合女主的动作，说出yes。然后，女主转过头，转过头属于非好感信号，IOD。

简单讲，IOI和IOD交叉使用可以在调动对方情绪的同时展示高价值。

当然，别忘了，在打压的同时派糖，做好推拉。

延迟满足

【定义】

延迟满足：让他心理上牵挂你，思念你，口头上赞美他，但不去满足他想占有你、控制你、让你也时刻思念他的欲望。它属于情绪操控的一种方法，因为能够在对方心里形成一种被撩拨后不被满足的痛苦体验，并在延迟后满足对方，放大获得的快感。

简单来说，它属于推拉的一种，但属于级别较高的一种推拉方式，产生的情绪比过山车效应更高，当然，副作用也相对更明显一些。

【心理学原理】

阻力：大家都知道人的大脑内侧有一个微小的区域叫腹侧背盖区，其中活跃的细胞叫ApEn细胞，负责分泌多巴胺，当爱情受阻时，多巴胺的分泌量会增多，从而使爱之体验得以强化。这也就是我们常说的：阻力成就爱情，延迟满足制造阻力。

投资：当你对一件事投资越多时，你越爱这件事；当你对一个人投资越多时，你越爱这个人。延迟满足提高门槛，获得更多投资。

痒：严格意义上讲，心理上的求之不得的痒，其实就是一种轻微的痛。延迟满足就是轻微的痛，就是让人心痒难耐的秘诀。

累积的欲望：累积的欲望被释放后，会获得成倍的快感。

【举例说明】

电影《金陵十三钗》中，刚开始玉墨去撩拨、勾引假教士，包括递烟、递酒，用眼神勾搭，一整套动作都非常熟练。接下来，玉墨做得就更厉害了，她主动敲假教士的门，假教士马上就要扑向玉墨了。但是，如果这个时候，玉墨满足了假教士，假教士的这个体验是会比较差的。一定要把他的心理煎熬度往上推，一层一层往上推，推到一个极限，推到一个爆发的临界点上，再让他释放，这个体验才是完美的。记不记得，玉墨说了一句：如果你答应了我的条件，那么我给你的体验，将是无与伦比的。

这个无与伦比的体验是如何实现的？就是利用人们想要得到，却又即刻得不到的“煎熬感”，去放大获得时的愉悦度。

“禁忌就是最好的春药。”就像《诗经》里最美的诗句，“辗转反侧，寤寐思服。窈窕淑女，君子好逑。”

又好比电视剧《约会专家》，这部剧讲的是一个男情专和一个女情专之间的故事。最开始的时候，两人互有好感，但都不太着急。因为彼此推拉，暧昧，也是恋爱的一个阶段，要好好去享受。

就像剧中有句台词：“我一直相信，这个世界上每种感情，在发生的时候都只是半成品，它需要人们进行后期加工，有人把这个过程称为磨合，听上去美好得像是在雕琢一块璞玉，只不过，没有人能优先知道结果，没有人能提前看到成品，或许也正因为如此，这个过程，才别具一格地有趣。”

在彼此互有好感的时候，自爱自控，延迟满足，能更好地放大获得后的快感。

【目的】

这里需要反复强调的是，延迟满足的目的，是通过操控对方的情绪，让对方的情绪累积后得到一个非常好的释放。而且，这种被释放后的快感是会被成倍放大的。也就是说，这是正向提供情绪价值的一种方式，而非达到个人目的的一种方式。

通常在以下两种情况下，我们可以使用延迟满足这种技巧。

1. 你真诚地想和对方在一起，只是为了增加他获得你时的愉悦度，适当地调控、拿捏对方的情绪。

2. 当遇到一个花花公子时，你可以通过这种手段，在不交出自己的同时，训练自己的自控能力。在这种情况下，对方也会觉得找到了对手，会被你虐得极爽，非常开心。

延迟满足，如果程度轻微，就是很好的调情，如果大棒一抡，那可就是暴力了。

【局限性】

延迟满足只是调味剂，不要妄图通过这种方法获得原本不属于自己的配偶。

【课后习题】

1. 你觉得在“心理较量”中延迟满足男人，他的心理体验是：A. 痛并快乐着；B. 刺激；C. 煎熬；D. 会玩儿；E. 恨并讨厌心理较量，不喜欢这样玩儿；F. 获得难忘的体验。【随意选】

2. 男人觉得女人延迟满足他是：A. 前戏；B. 情趣用品；C. 惩罚工具；D. 情感黏合剂的一种。【随意选】

【答案】

1. ABCDEF。E，个别男生很反感，特别是恋爱等级不高的男生，又或者曾经被玩弄过的男生。

2. ABCD。是情感调味剂的一种，运用得当，你既可以把它当惩罚工具，也可以把它当情感黏合剂。只要这个剂量比较合宜，它就会有比较刺激的效果，可以用来调情，让情感更有黏性，也可以增加性吸引力。

比如，一个男生跟我讲，他女朋友为他做的所有事情中，让他印象最深的一件是，一次他坐飞机回来，女朋友跟他说，自己生病了，不能去接他了。结果飞机落地，他在接站口看到了红着眼睛的女朋友，心头一热，一下子把她搂在了怀里。

这其实就是一个预期管理（预期管理：通过先降低对方预期，再满足对方需求的方式，引导对方情绪的起伏。）的小技巧运用。说去不了，降低了对方预期，再满足对方，这样对方被满足时的愉悦体验就会被放大，比直接带病去接他效果好很多。

如何获得宠爱

微信公众号和朋友圈里，总有各种各样的文章在宣扬，男人应该宠女人。爱她就该给她买买买。我们女生也都知道，获得对方投资是获得亲职投资的预演习，如果能够获得男朋友的宠爱，简直就想在朋友圈里开开心心炫个三天三夜不停息。

可是，并不是所有女生都能够获得男朋友的宠爱。

那么，什么样的人可以获得宠爱？秘诀又是什么呢？

我们不妨换位思考一下：男人为什么要宠爱你？为什么不敢宠爱你？

男人宠爱你的原因，可能是他觉得如果对你好，你们之间的感情会更融洽，他会成为一个好男人。那么男人不敢宠爱你，又是什么原因呢?

哦，那原因可能就多了。

1. 男人害怕失去面子。恐惧被其他男人嘲笑妻管严，恐惧被嘲笑是二十四孝好男人。

2. 男人害怕被操控。你撒个娇，就能够获得一切你希望得到的东西，这种被操控的感觉实在不好。

3. 男人害怕你恃宠而骄，越作越大。

4. 男人害怕一腔热血抛洒出去，却所托非人。

5. 男人害怕你太过精明，你伪装出爱他的样子，却只是想从他这里获得更多利益。

6. 男人害怕他苦心经营的合作关系，合作者的合作意愿并不强，说不定哪天会突然背叛自己，给自己戴绿帽子。

7. 男人特别害怕自己看起来像个傻瓜，更害怕犯傻后被其他人嘲笑。

这些恐惧，简单概括起来，其实都来自对方背叛的可能。对方的背叛值提升，那么合作度就会下降。

而对方忠诚度上升，那么男人的合作度就会提升。

这里，我还想说的一句就是：在驱动人去做一件事情这个问题上，恐惧往往比利益更加有效。

比如，一个公主遇见一个王子，王子想得到她，献上了一枚巨大的钻石戒指，公主会认真考虑一下。但是如果公主在森林中遇到了一个土匪，土匪用刀子逼迫她就范，她可能马上就就范了。

再比如，有这样一个故事。亨曼先生被派到美国新兵培训中心推广军人保险。听他演讲的新兵100%都自愿购买了保险，从来没人能达到这么高的成功率。

培训主任想知道他的推销之道，于是悄悄来到课堂，听他对新兵讲些什么。

“小伙子们，我要向你们解释军人保险带来的保障。”亨曼说，“假如发生战争，你不幸阵亡了，而你生前买了军人保险的话，政府将会给你的家属赔偿20万美元。但如果你没有买保险，政府只会支付6000美元的抚恤金……”

“这有什么用，多少钱都换不回我的命。”下面有一个新兵沮丧地说。

“你错了。”亨曼和颜悦色地说，“想想看，一旦发生战争，政府会先派哪一种士兵上战场？买了保险的还是没有买保险的？”

就这样一招制胜。

看，用20万的利益来诱惑士兵，或许没有办法达成目标，但用死亡的恐惧来威胁士兵，则会很快达成目标。

这就是我们讲到的，在驱动人去做一件事情这个问题上，恐惧往往比利益更加有效。

对男人而言，宠爱对方确实有利益。但是，宠爱对方可能带来的负面效应，却会引发他的恐惧，而因为恐惧的力量过于强大，对利益的追求往往也会受到恐惧的抑制。

显然，想要让男人宠爱你，就要尽可能提升他宠爱你的利益，帮他消除掉顾虑和恐惧。

我们来打一个不够严谨的比喻。假设两个好处引发的欲望带来的驱动力是10，那么两个坏处引发的恐惧带来的驱动力则是100，八个坏处引发的恐惧带来的驱动力则是400。

如果做一件事带来的好处是10，那么我也许会做。

但是，如果做一件事带来的坏处是400，那么我肯定会选择不去做呀。

这坏处带来的400的驱动力远远抵消掉了之前好处带来的10的驱动力，于是，原本应该宠爱你的男人望而却步了。

好处一点点，坏处一大堆，这些坏处又被恐惧放大了，那么还有谁会去做呢？

那么，如何才能让男人不再对宠爱你这件事情充满恐惧呢？或者说如何消除掉男人在宠爱你这件事上，潜意识里的恐惧呢？

这里教你一招制胜，那就是：忠诚度。

忠诚于合作关系，忠诚于契约关系，忠诚于共同利益。

在彼此相爱的基础上，忠诚度越高，越会受到宠爱。

也许很多女生都会说，我很忠诚呀。

但，你对你的心有十足的把握吗？你从小到大的想法都没有发生过任何改变吗？你喜欢的偶像数十年没有改变过吗？换位思考一下才会理解对方对自己忠诚度的疑虑，而且，这种忠诚也不是一蹴而就的，而是日积月累才逐渐让对方感受到的。就好比很多男人都是在婚后几年之内才渐渐把房产转到妻子名下或共同署名的。

除了通过时间渐渐印证你的忠诚，你还需要善于展示你的忠诚。

一、哪些行为会让你看起来忠诚度比较低？

1. 衣着暴露，浓妆艳抹，看起来水性杨花，平时私生活不检点，和男性朋友暧昧不清。喜欢倒追别人或者对追求者来者不拒，说明女生对男生追求的抵抗力不强，即便是婚后，相对难得手的女生更容易被其他人追走。

2. 爱发脾气吵架，对男人表示不满，喜欢将自己的伴侣和其他伴侣做比较，并表示自己的伴侣不如其他男人。动不动就喜欢提分手。

3. 在酒吧、迪吧、KTV等夜店工作，或者经常到这些地方玩。

4. 在和男生交往的过程中，脚踏两只船。

5. 喜欢动不动就玩失踪。

6. 有了稳定的交往对象后，仍然喜欢在自己的朋友圈经常性表达空虚寂寞冷。

二、哪些行为会让对方觉得你不够爱他，由此导致对方觉得你对他的忠诚度可能会比较低?

在日常的生活中，我们需要去反观自己的内心，去分辨哪些行为已经暗示出你对对方的“不爱”，又或者哪些你不经意的行为，会让对方觉得自己的爱没有得到全然的回应。

1. 较强的合作意愿相对来说会带来较高的忠诚度。所以说，如果对方追你的时间过长（每个人的表现不同，有的人觉得七八个月就已经很长了，有的人会觉得一年半就比较长了），他将你追到以后，会觉得你和他的合作意愿不够强，会经常怀疑你对他的忠诚度，觉得你原本不够爱他，这样对方的自信心就比较低。

在引导对方追求你的过程中，如果一味冷落对方，不给出好感信号，那么即便两人在一起了，也许最开始他会出于害怕失去你而宠你，但如果一直得不到你的回应，他就会收回这种宠爱。

2．表现出对对方的不信任，特别是不信任对方的能力。比如，借钱给对方，会让他觉得你不够信任他有解决问题的能力，那么，他会推导出你对他的忠诚度不够高。你不信任我，你会忠诚于我？而且，当你借钱给对方的时候，还会推高你对对方的心理期待，当这种心理期待不被满足时，你的怨气也会破坏你们之间的关系。

3．上床后变得没自信，表示："我的价值低了，以后没人肯要我了。"这样既违心，还有反作用。你离不开他不应该是因为你认为自己的价值下降了，不是出于被迫，也不是出于别无选择，而是应该出于对对方的爱，所以即便有更好的选择，你也不会离开他。这才是高忠诚度的显现。不然，言外之意，你的价值上升后，岂不是就要离开他了？表达忠诚，不要刻意伏低做小，自降身价。比如：说"离开你，我就没有人要了"，这样就是自降身价。而说"离开你，我就无法呼吸"，这才是表达忠诚的优质情话。

不要物化自我价值，更不要物化彼此之间的关系。

4．在别人面前过于黏你的男友，刻意秀恩爱，过强的控制欲，会让对方觉得你不是爱他，而是想控制他，这种被动的感觉会很不好。有的女孩子会觉得，我黏他是对他忠诚度高的表现呀。但只有真正出于爱，而不是出于控制，才能产生天然的忠诚。只有这种在爱的基础上，自然而然的互动体验，才能让对方感受到忠诚。过犹不及就是这个道理。

5．进入一对一排他关系，并已经发生关系后，再把上床作为对他的奖励。因为，对男人最大的肯定就是对他性魅力的肯定。如果你对他都没有渴望，而仅仅认为自己是在取悦对方，在性关系中无法体会到愉悦感，那么性虽然会成为你要挟对方的武器，但是对方会质疑你们相爱的基础，以及你对他的忠诚度。

此外，还要做到以下几点，才会让对方更多地体会到你对他的爱。

1. 在人多的场合，不要跟他抬杠；

2. 睡着以后不要叫醒他，惊醒后很难再睡着；

3. 有时学会沉默；

4. 在众人面前要收起我的本性；

5. 不要反复说一个问题，即使是他的错；

6. 说话要有依据，不该开的玩笑不开；

7. 对于他过去所做的事，不管对错，都不要再提，因为那只能代表过去。

三、什么时候，不要盲目表达忠诚?

1. 被追求期，不能刻意表达对对方的忠诚。因为在被追求期，你要坐稳女王位，千万不能把位置放错了。赞美和夸奖不能用得太多，要在他做得特别好的时候作为奖励给出。不然，随意展示忠诚，这样会显得没有自己的筛选标准，对方会觉得你太过轻易对人表达忠诚了，那么是不是也会跟其他人表达忠诚呢?

2. 被踩底线时。被踩底线还一味表达忠诚，那肯定不对。人与人相处，要有明确的界限感，这样两个独立的人才有资格谈相爱。特别是，当对方有多偶暗示的时候，更要给予猛烈的回击。

综上所述，当你们彼此相爱时，你让对方觉得你绝对忠诚于对方，忠诚于彼此的感情，忠诚于契约关系，那么你会获得更多的宠爱。

因为，这样的你值得。

做充满神秘感的女人，让男人欲罢不能

一、为什么神秘感那么吸引人

1. 来自性吸引。

2. 来自高价值。你想一下，如果你进入了一个整体价值比你低的群体中，你是不是不自觉地就会减少发言，会减少炫耀，会很低调，很神秘。偶尔的一两句发言都会让大家觉得你高价值？女性的神秘实际上是高价值带来的副产品。

而当高价值男性出现在群体中，他势必会通过炫耀获得领导地位。这是男女之间的不同。

3. 神秘好比悬念，引人入胜。

二、神秘感的本质

神秘感表现在女生身上，通常是少说多笑，有所保留。当然，即便有所保留，随着关系的深入，彼此之间的熟悉度也会逐渐地提升。林孑在《真正的爱情毒药——懒》里提出了一个概念，大意是：一对恋人相识，10天后，他对这个姑娘的探索度是5%，再过一个月探索度是10%，再过完那个月后是30%，半年后，可能是70%甚至90%。理论上一个人似乎是不能被探索完的，但感性上却可以。“我一眼就看穿你了，知道你接下来要干吗，知道你要说什么，真没劲。”这就是腻了。爱情保持长久的秘诀之一就是保持不可知，保持新鲜感。虽然适度的遮掩可以在短期内制造出这种神秘的感觉，长久来说，女生必须通过不断学习新东西、新技能，让他感觉你一直在进步，心思细密，话不多，却总有自己的观点和想法。这种不断充实，不断更新，对人生有所掌控的能力，才是神秘感的内在源泉。

三、男生觉得什么样的女生最神秘

总的来说，大体分两部分：永远有所保留，永远有所更新。

在了解具体做法前，先来看看男生的答案。他们觉得什么样的女人最神秘。我们在广泛征集了男生的意见后，总结如下：

1. 没推倒前最有了解的欲望，推倒后虽然也有，但是明显少了。

2. 女生表现出遮遮掩掩，不想让你知道，或者想给个惊喜的行为。

3. 兴趣指标和无兴趣指标穿插，让他感觉有机会，但又不容易搞定，这样可以最大限度地调动男人的征服欲和兴趣。

4. 那些男人说你什么时候最美最有魅力的话，都是为了接下来的动作做准备，其实心里并没有这么认为。

5. 发生关系后，女生控制本能不去把男生抓在身边，不完全把重心放在男生身上，关注自己，会提升女生在男人心中的价值。

6. 心里能装事，不要什么都跟别人倾诉。

7. 男生说在女友突然展示才华（比如说在KTV里唱歌、参加比赛活动之类的）时觉得她很像女神，很有神秘感。

8. 女生安静坐着的时候。

9. 男生说女友一个人偷偷笑的时候。

10. 他提出一般女人无法拒绝的条件，女生淡然拒绝的时候。

11. 偶尔拒绝跟他见面、亲吻和拥抱的时候。

这大概就是男生对女生神秘感的初步认知了。那么具体而言，女生怎么做，才能产生比较好的效果呢?

我在几个女生群里征集了各种方案，并在大家亲自示范后，将比较有效果的方式总结了出来，也许可以给你一些参考。

增加神秘感的实战技巧大汇总

1. 我问我男朋友，他说当我们在聊一件很正经的事情时，他问为什么，我说“你猜呀”，这样有神秘感。

2. 对方问你在干吗，大部分时候不用说得具体化，尽量概念化。在时间上，用完成时，不要用正在进行时。比如,你在干吗？人家刚刚在涂乳液。刚刚在想你。依此类推，内容尽量是提升自己的。问你吃什么，说：很辣的一样东西，嘴巴都红了。让对方有足够的想象空间。

还有很多回答方式，比如最经典的就是：你呢？还有就

是：在吃某人喜欢吃的东西。（共情）

因为回复慢，对方心里会不爽，所以回复时的语气要可爱柔和一点儿。回复要忽慢忽快，有时密集地回复几条，就可以过一会儿再回。这期间他会看手机看你有没有回，这样就是在对你进行情感时间投资。

3. 保持神秘感还有一种方法就是出其不意，他以为你要出a，你偏要给他一个b的答案，这样同时又制造了新鲜感。

4. 不要随意暴露行踪。比如，从不让他送自己进小区，在家附近安全的地方就说再见。

5. 我男朋友说他每次想知道我的事情的时候我都慢半拍回答让他觉得很有神秘感，有时候不完全回答，有时候不回答，总之就是反应慢一点儿，说话慢一点儿，眼神慢一点儿。

6. 据说网络聊天尽量用两个字回答对方会比较神秘。比如：吃饭了吗？吃了。那部电影如何啊？无感。心情如何啊？你猜。主旨其实就是尽量简短明了地回答。

7. 和男友相处，我发现，当你渐渐展示你的各种技能的时候，他会觉得很神秘。

甄嬛说："她们都以为我诗词最厉害，殊不知我从小就请了名师教我惊鸿舞。"

一开始不说，后面发现，你什么都做得很好。比如，一开始你不说你会什么，偶尔去唱歌，发现你唱得那么好。比如送他一幅画当作礼物，他才发现，原来你会画画。比如不把做饭当作一件特别遥远困难的事，某一天有机会一起做饭的时候，他会发现，哇，原来她做饭也做得那么好。如此既能显示高价值，又有下次的期待和神秘感。

你的所有特长不要一下子展现出来，要慢慢地渗透出来，这样他才会有惊喜的感觉。比方说你会钢琴会舞蹈会诗词歌赋，不要一下子全部告诉他，而说自己什么都不会，当遇见一架钢琴，你行云流水地弹奏一曲的时候他才会震惊。不要把整个糖果店都给他。

8. 少说多做。

我是容易话多的女生，我就尽量管住嘴，少说多微笑，话只说一半……他问起来什么再说，不问不说，有的问了也微笑不回答。在他面前少吃醋少流泪多微笑多撒娇，适当卖卖关子。

说话少，话不说满，并且说话前思考一下再精练地表明观点，同时语气要柔和，这样比较有神秘感。

9. 不要把之前情史和盘托出。

10. 不要让他知道你很爱他。就算再爱，也要让他知道爱情只是生活的一部分，而不是全部。

11. 每天打电话的时间不要过长，先挂断电话，尽量每天只打一个。要保持一点小小的距离，要学会“躲猫猫”——偶尔让他联络不到你，偶尔离开他一回，偶尔对他不理不睬一下。不要天天厮守，就算很想他，也要隔一两天再见面。要学会忽远忽近，要学会让他捉摸不透。

12. 多发展新爱好新兴趣，某天假装不经意地和他聊起来；他问去哪家餐厅吃饭，答：“XX很棒，下次你带我去吧，应该会更浪漫。”总之自己多一些体验，不要怕花钱。长见识带来的收益，不能用钱来衡量。谈资什么的，往往也是筹码哟。

多参加各种活动，如读书会、分享会、座谈会等，认识许多不同的人，男孩子会常常惊讶几天没联系你怎么又懂那么多……

明明你闲得要死，也要说你很忙，他问忙什么，答挺多事的，而不具体答什么。

13. 不经常发朋友圈或微博，不经常性碎碎念生活琐事，只在比较有意思、比较新奇的场景、时刻发一些图片，比如旅游、爬山、自己制作的美食等图片，但不要密集地发，偶尔发就会显得很有神秘感。不表达自己无聊，任何时候被问到都说在忙一些提高自身价值的事情，比如看书、种花、健身，等等。

14. 永远不蓬头垢面地出现在他面前。在家也要经常精心挑选睡衣在他面前晃来晃去，身材好的可以穿宽大的衬衫，下面只穿底裤。洗澡、上厕所时反锁门，注意是反锁，这样偶尔的鸳鸯浴才格外珍贵。

素颜要皮肤好，眉毛画好，牙齿洁白，文那种最贵、不变色、填满睫毛缝隙的眼线，嘴唇保养好。睡衣穿别致有腰身的欧款，要常换新的。审美和素养，也是高价值的一部分。

15. 推荐几部电影中神秘的女主角，比如，《裂缝》里那个转校生，《西西里的美丽传说》里的莫妮卡·贝鲁奇，《原罪》里的安吉丽娜·朱莉，《心火》里的苏菲·玛索。大家可以关注一下。

最毁神秘感的行为有哪些

1. 这句只要一出口，你一辈子的神秘感就都毁了。没错，这句就是："我求求你！"悲哀祈求。

邓丽君那句"所以我求求你，别让我离开你"每次K歌到这首都故意掠过不唱这一句。

2. 肉色内衣挂在显眼位置。

3. 上洗手间不关门。

4. 常年素颜。

5. 穿睡衣上街。

6. 贴出自己星座详解。

7. 贴出自己择偶要求100条。

8. 贴出“女人就该找这样的男人60条”。

9. 贴出“我就是这样的女人50条”。

10. 亲疏不分地分享自己情感受伤历程，历数被谁谁谁伤害，被如何伤害。

11. 神秘感的死敌：说话快，啰唆，自掀底牌。

12. 没有丝质睡衣，也没有薄纱睡衣。

13. 让对方看看牙里面有什么。想到我妈妈牙里面有菜叶，我爸爸揶揄她。

14. 当着对方的面放屁。我朋友的舅舅就是因为这个跟她舅妈离婚了，她舅妈估计忍了好多年，终于忍不了了。

15. 让老公帮着洗内裤内衣。

16. 帮老公洗内裤。

17. 抱怨自己的委屈。

18. 黏人。

19. 婚前就各种没事儿就报告行踪，表现得低价值。

20. 婚前同居，自己万事都被对方知道，而且对方的行动自己也了如指掌，对方很反感。婚后不再有少女心，不再打扮，不再和自己的女性朋友有交集。我交往的男朋友喜欢我和我的女性朋友们偶尔聚聚，然后发个自拍啊，说点儿俏皮的话，他会觉得我很可爱。

21. 婚前吵架不接电话，婚后吵架不回家，完全毁灭神秘感，只剩无感啦。

22. 当面卸妆化妆。

23. 婚前，男方问的说，不问的也使劲说，总比对方说话多，总是对方先挂电话。

24. 事无巨细地讲自己今天上班发生的事、同事的八卦，男人其实一点儿都不关心那些。

25. 把吃饭、旅游、看电影遇到的搭讪或者有交流的男的汇报给男朋友或者老公。

26. 为了和男朋友或者老公约吃饭、看电影之类，就推掉和其他朋友的事情。这样也毫无神秘感，有一种被掌握的感觉。这样也不行哦！

撒娇的女人最好命

大家都知道，撒娇的女人最好命，可是好多人都说，不知道该如何撒娇。我认真地问过大家撒娇的方法，根据大家给出的答案整理出了很多攻略，不会的时候，照着去做就好了。

1. 半夜做噩梦醒来后钻进他怀里。

2. 看见小狗装害怕，直接跳进他怀里。

3. 看着他的眼睛跟他说："其实你好可爱哦！居然比×××（儿子名）还可爱。"

4. 早起要求拥抱三分钟，说："来吧，我要充电。"

5. 帮他掏耳朵。

6. 晚上穿睡衣睡觉，老公说："你脱衣服睡啊！"要回答："啊，我突然不会动啦，你帮我脱衣服嘛。"

7. 漂亮的内衣很重要！就算他不看就摘掉，但仍然很重要。想想贵的糖果，包装纸是不是也很高档?

8. 结婚后，洗完澡后擦香香，然后披着老公的oversize（太大的）衬衫出来，里面只穿小内裤。不过表情一定要端庄，说话也不要涉及太多羞羞的内容。等对方主动。

9. 要求被他喂食东西一定要在私密的地方，还要故意装作鬼鬼祟祟四下张望，然后再提出要求。

10. 在他生日那天把订好的附近酒店房间的房卡放在他枕头下面，然后给他留言说今天加班，生日礼物在家里，自己找，然后提醒他好好找哦。自己头上戴好蝴蝶结在酒店房间等他。

11. 吃面包蘸蜂蜜时，平静地问他："吃蜂蜜吗？"他说吃，你就涂一些蜂蜜在自己嘴巴上。如果他不吻，至少也可以相视大笑。

12. 看到电影里浪漫的情景时说："人家也想那样。"然后……

13. 即使是老夫老妻也要说："讨厌，好丢人哦。人家从来没被这样过嘛。"如果是恋爱期，他稍微挑逗，你也要太扭捏。

14. 已婚可用。把他的小冰脚放进自己怀里，绝对是小动作大收获。换位思考一下，你就会懂。然后说："你那个冷不冷呢？"如果他是情人的话，是不是要对他的肉体更为珍视呢?

15．想要成为灵魂伴侣，一定要从将肉体共有化开始着手。比如帮他剪指甲，吹头发，吃东西时用他的手拿起来送进自己嘴巴里。总之感觉两个人是一体的，这样的付出一定是会收到超额回报的。当然，不要抱着收到回报的心态哦，只是表达那是属于我的美好肉体，所以我要好好对待这个肉身的态度就对了。

16．平时可以偷偷按他的手掌心，靠近他的腋下。

17．按摩油和爽身粉是两种不同的按摩辅料哦，已婚的一定要试试。

18．如果已婚多年还能当着老公的面脸红就太好啦。

19．还有一种是直接在床上聊天的时候告诉老公腰疼需要按摩（老公的按摩确实棒棒哒），然后一边按一边赞叹老公技术了得……进一步就是说往下、再往下、再往下……每次一用这招老公都无法招架，自动转成儿童不宜模式……

20．恋爱的时候，试过穿好性感的内衣躲进某个衣柜，然后男朋友来了，他打开虚掩的门，进来到处找不到人，发现化妆台上的纸条，女朋友留言："你的礼物在躲猫猫呢，快来找啊！"找到衣柜打开门的时候，性感美女扑出来……（这都是设想，结果是男朋友没看到纸条，找半天没找到人，怒吼着"人呢人呢……"最后性感美女灰溜溜地从柜子里出来，跟男朋友面面相觑……

21．给他的私密部分起昵称加以调戏，达到又害羞又色色的效果。

22．他吃东西辣到时帮他吹，然后亲一下。

23．说着"讨厌"，用手指戳他，然后低头笑。

24. 伏在他耳朵边温柔地说话，气息扑他的耳朵。

25. 比如男朋友跟我说健身后全身都散架了，好累，我就回答：“趁机偷走某个重要零件。”

26. 他一个劲儿玩手机，我说：“你不要玩手机了嘛，你玩我吧。”

27. 他喂我吃东西时偷偷咬住他的手指。

28. 我觉得在确定关系前后，反差要大一点儿，这样给他传递的信息是，只有你可以看到我这一面。

29. 吃百力滋或者什么巧克力棒的时候，自己咬一边，另外一边送给老公，吃着吃着就……

30. 当时我和男朋友唱完歌准备走的时候，我站在他面前不让路，帅哥187cm，然后他俯身看我，脸贴得特别近，问我：“你想干什么？”我盯着他眼睛看了三秒，踮了下脚在他唇上碰了一下，他没料到我会这么做，一下站直了。然后我特别得意地转身拿包，男友直接从身后搂住我，在我耳边说：“亲我是要还的。”我扭头又亲了他一下，然后特别欢快又卖萌地说：“嗯，还完了。”结果，被强吻了。这个算吗？

31. 在家里开着空调，穿宽松的衣服，稍微露出一点儿锁骨、肩膀，头发弄乱一点儿，托着腮帮含情脉脉地看着他。或者躺在他大腿上，呼吸浅浅深深、深深浅浅，挠他的心，然后说：“老公，我们回房间睡觉好不好？”说出来都面红心跳……

32. 让他百度“壁咚”。

33. 交往初期的勾搭方法一：多组织或参加有他的活动，在活动间隙轻轻伏在他耳朵边上叫他名字后面的两个字（只有两个字就叫××哥哥），请他帮你个小忙，眉眼稍低，表情含羞，提问句以“可不可以请你帮我”开头，之后甜甜感谢，并口头奖励。方法二：户外活动的时候，随时备好湿纸巾、纸巾、创可贴、蚊虫叮咬膏之类的东西，然后等对方要洗手、擦手，或划伤、被叮咬以后，果断上前，小手轻轻地帮他擦上，一边做心疼状：“怎么这么不小心呢？”如果大家像我一样是个女汉子，以上东西总忘记带，就替他挽起袖子吧。或者跟帅哥眼对眼交谈，嘴角带笑，眼神柔和一点儿，然后突然不说话，俯身向前，轻轻帮他正一正领子，伏在他耳边说：“你领子窝着了。”

34. 两个人在家坐着各干各的，他突然接电话，默默柔柔地挨过去靠在他怀里抱着他。接完电话，就是他继续啦。

35. 还在暧昧阶段时，我们一起跳交际舞。我比较喜欢摩登那种转大圈的感觉，我会跟他说：“最喜欢和××哥跳这首时一起转圈圈了。”他带着我转圈时就会更卖力，不小心和别人撞到的时候，他担心地问怎么样，我笑嘻嘻地说：“没事儿，知道××哥你会保护我的。”之后他带我的时候就会更加小心仔细了。

36. 我记得有一次我说过，好想变小爬进哥哥睡衣口袋呀，这样哥哥睡着的时候，我就可以爬出来在哥哥身上到处玩了……

37. 吃完晚饭走出店家，外面很冷，立马紧紧贴着他，嘴巴能够微微颤抖发出牙齿相撞的声音更好。这个“台词”和小动作会让男人燃起想要保护女生的本能。就算平常是个粗心大意很大男人的男生，也会被你搞得小鹿乱撞。冬天的话，他还可以帮你披上外套或者围巾，帮你取暖。

38. kiss或拥抱之后要很干脆地说再见。这样你的韵味留在他心中，久久无法消散。

39. 就算眼泪掉下来，嘴里还是要逞强地说："我又没有在哭。"当对方说明明就有的时候，就说："人家没有哭啦！"记得要把脸埋在他的怀里，被一个平常有点儿强悍的女生这样一弄，男生大多会错愕，然后掉入陷阱。

促成升级，巧妙化解追求者不够热情的问题

问："追求者急匆匆要升级，不给他升级，他直闹。我想减速，怎么办？"

问："追求者太腼腆，磨磨叽叽，姐姐我恨不得直接给他推倒完事儿。我想加速，怎么办？"

想要解决这些问题，我们首先得明白两个概念：加速升级和延缓升级。

【概念】恋爱基本上由四个区域构成，即舒适区、朋友区、暧昧区和恋人区。

舒适区，也可以称为好感区，就是相处舒服，略有好感的意思，比如即便是陌生人，看上去舒服，闲聊两句觉得不错，那就都在好感区了。朋友区就是可以分享心事和秘密的区域。暧昧区是在朋友区基础上散发性信号的区域。恋人区就是kiss后进入了排他阶段。

【通则】一般来说，一段正式的长择关系，最好是按照流程走完四个阶段。有在舒适区就直接发出性信息的，不一定对方就是PUA，也可能只是猴急了一些，可以言语告知，不要太急。如果是速推分子，他可能会跟你说："不要那么古板啦，凡事顺其自然啦，又不是解方程。"你可以回复："是顺你的自然，还是我的自然？"如果对方被噎得不再回复你，估计是不敢下手的速推分子了。不用再理他。

【概念】当对方升级速度过慢时，我们要加速升级，促成升级。而当男方的升级速度过快时，我们则可以延缓升级，为升级设置阻碍。

【策略】

促成升级的策略：

面对男方的追求，如果女生表现得太过热情，男生往往会望而却步；如果女生表现得太过高冷，男生又会觉得自己没有希望。那么在展示高冷后，想让对方继续追求，加速升级，怎么处理呢？

1. 给对方一些IOI，也就是"好感信号""兴趣指标"，鼓励他。举个例子，男生投入200块，女生按照30~40块的比例回请，这就算是兴趣指标。一般吃饭，女生买点儿饭后饮品，边走边喝。再比如，对对方的服从度比较高，也算是兴趣指标的一种。

2. 进入好感区了，成功打进朋友区了，甚至已经开始哔哔哔哔放电了，可对方就是不表白，就在暧昧区横盘。怎么办？在春节放烟花的时候，总之很喧闹的场景里突然靠近他耳朵，好像要告白一样说：“春节快乐。”

3. 发神图到朋友圈，鼓励他继续追。比如：People build up walls not to keep others out,but to see who cares enough to break them down.

记得打上汉字：“有时你筑起一道心墙，并不是拒人于门外，而是希望有人耐心将它敲开。”

至于追求者不想支付沉没成本的，你想让对方更加热情一些，就可以发类似的文字：“我们是不善交心的一类人，没什么了不得的原因，只不过当你翻山越岭，穿云入海，经历过九九八十一难才到我家门口，兴许不会那么轻易转身走掉。只不过当我栽松酿酒，扫雪烹茶，心怀十年如一日的期待，不至于只等到一个敲门问路的人。——姬霄”重点是配上高颜值的自拍！

当然，如果追求者忽冷忽热，你配合着若即若离，你还可以发这样的文字：“因为要是习惯有人陪，就会担心有一天可能会失去那个人，如果不去拥有，就不用想念，想念是痛苦的，你懂吗？”言下之意：“你的忽冷忽热让我不敢向前，能不能给我多些好感的信号哩？我胆小怕受伤呢。”

4．如果追求者还不来继续追，就发高价值照片到朋友圈。宝马、法拉利、D罩杯、追求者的鲜花、沙滩美景度假照片……呃，其实，美照最有效。请自行想象，在寂寞荒凉的夜晚，他不小心点开了你的朋友圈……

5．什么？还不来继续追？发打点滴的照片求关心，发发烧的体温表求关心。（自己打点滴的照片记得保存在手机里呀。）

再不来就算了吧。饶过那少年吧！

延缓升级的策略：

如果给出好感信号后，男生又开始信心爆棚，恨不能明天就把女生推倒，又要怎么处理呢？

最常见的延缓升级方法就是设置阻碍，让男方投入沉没成本，帮你过滤短择男。（食肉姑娘自动屏蔽这段就好。你们欢乐地速推就好。enjoy（享受），并注意避孕。）

话说，诸葛亮为什么让刘备三顾茅庐？孔老夫子为什么收学生要肉干儿？西天佛祖为什么给唐僧真经要人事？我们为什么要男人支付沉没成本？

因为，只有设置门槛，才能找到真正有心的人，过滤掉人生路途中的过客和鸡贼男。所以，不要黑我们的沉没成本，也别说诸葛亮、孔夫子、佛祖和我们太过势利眼。

那么，问题来了，为什么是男生支付沉没成本呢？因为我们是“真经”啊，不然为什么要用“娶”的？

延缓升级可以用的话术有：

1．给我们一段时间彼此了解吧。如果我都不够了解你，那我爱的又是谁呢？

2. 对于一段长达一生的恋情来说，有一段长一些的序曲，又有何不可呢？

3. 如果我不能确认我与你的优秀相配，那么我对你的忠诚会变得特别廉价。又或者“所谓确认关系就是表达对对方的忠诚。如果我还不够了解你就表达忠诚，那样的忠诚其实特别廉价啊。”

对方：“我们不是已经……还要怎样了解？”

你：“比如，可以跟我讲讲你的童年吗？”

对方：“我不太会说耶。”

你：“那我给你举个例子？”

……

4. 再比如，还可以学习投资人惯用的借口：“Too early.”（还太早。）你还可以说：“Sorry, it ‘s just too early to pour my love gasoline into a car like you. You are good by yourself and keep on running like this.”（对不起，把我的爱注入一部像你这样的车，还太早。你很不错，保持住就好。）简单讲，你可以直接说：太早。

这样的话也很适合发到朋友圈：God gives answers in three ways:he says yes and gives you what you want,he says no and gives you something better,he says wait and gives you the best.（上帝用三种方式给出他的回答：他说是的，然后给你你想要的。他说不，然后给你更好的。他说等等，然后给你最好的。）言下之意：请你多点儿耐心咯。

5. 也可以在聊天的过程中，直接回复对方：“我其实只是害怕你的热情来得快，去得也快。”

控制升级速度后，别忘记常见面，一起玩儿。不然你推推拉拉，人家也是够受的了。恋爱就是“了解彼此的三观、喜好，推断契合度，了解彼此的生活习惯”的一个过程。

别忙着去确认别人的心，事实上，我们连确认自己的心都觉得困难。想去永恒地确认，实在是件难事。但我想，只要永葆一份真心，认真地了解彼此、相处，那么我们就会拥有一种随时可获得的爱的魔法力量！

也只有真心，才是一切技巧生效的秘密呀。

嗯，总之，慢慢来，会比较快。

模拟实战:

给对方好感IOI，比如直接叫对方名字后两个字。李小明，就叫：“小明……”靠近一点儿，给个眼神。如果对方的名字只有两个字，可以叫“×哥”。

ok，勾搭完成。

他看见IOI，展开追求，拼命追。你就说：“我想吃××……”

他开始给你买早餐，你就表达感谢咯。

不过，他突然追得不够殷勤，又总是想升级，有点儿心急，你就发朋友圈：“为什么诸葛亮让刘备三顾茅庐哩？我们是不善交心的一类人，没什么了不得的原因，只不过当你翻山越岭，穿云入海，经历过九九八十一难才到我家门口……”

他一想，对哦，那继续追。这不是有好感的意思吗？继续约看电影，想摸手。那必须后撤高冷一点儿哦。结果这家伙又误会自己没希望了，那就在朋友圈发：“其实我们筑一道心墙就是为了……”

他看见好感信号了，继续猴急，你就接着要投资，他投资了两天，又倦怠了。你就发："那个，其实不是不喜欢小明，而是我们女生都慢热……"

小明又扑过来了，又想强吻了。你就躲开，并早早回家。

小明又受挫，不追了。你赶紧发朋友圈："高烧39度，心情不好，果然会影响身体健康。"（言下之意，你是不是傻？还不赶紧来安慰安慰我。看，你一后撤，我心情不好，都病了。别以为只有你看得到我的朋友圈哦，别让别人乘虚而入吧。）

其他大家看着来吧。总之以上的这些素材应该足够用了。

呃，话说，谈个恋爱可真麻烦，都累死小明了。【摊手】

不过，好在我都谈完了。【你打我呀！】

【课后练习题】

1. 勾搭心仪男生的正确眼神/搞定异性客户有效降低投诉率的正确眼神是哪种？【单选】

A. 对视1秒害羞低头。

B. 对视3~5秒。

C. 对视8秒，眼神痴缠。

D. 对视10秒，谁眨眼谁就输。

答案：B。

分析：我们来想想对方的心理反应：

A. 呃，难道我遇见花痴了？我可得躲远点儿。

B. 啊呀，我今天莫不是特别好看/帅气？他/她莫不是对我有好感？其实能被这样的人喜欢好荣幸呢。如果他/她也喜欢我

就好了，好紧张哦！（说话语气遂变温柔）

C. 这是什么毛病？

D. 这家伙，要不然收了做兄弟？

我们再来复习一遍：好感-朋友-暧昧-情侣。

A. 直接进了暧昧区，显得性唤起太容易了。

B. 是好感区。有姑娘说，3~5秒会不会太明显？不是的，有些人的眼球移动速度天生就很慢，而这部分天赋异禀的人，通常也是最具有性吸引力和性魅力的一群人。你只要自然地去模仿他们就好了。

C. 是情侣区。

D. 是同性朋友或敌人区。

贾雨村就是被两次回头看他的甄家丫鬟勾了魂魄，唐伯虎和秋香也是三笑定了情缘。让他误以为你对他有好感的方法是B。

2. 追求者/心仪对象/前任偶尔来点赞我的朋友圈，他到底什么意思？我该怎么处理？【多选】

A. 他不喜欢我。

B. 他喜欢我。

C. 不用做出反应。

D. 严控投资。

E. 要拿得起放得下。

答案：C、D、E。

分析：点赞是表达好感的方式。按照好感-朋友-暧昧-情侣，所以，点赞仅仅表达好感而已，你们仍处在好感区。

点赞属于“对方主导的低密度联系”，因信息量不足，不足以判断对方到底喜欢还是不喜欢你。而且还有可能对方自己也不确定喜欢不喜欢你。所以A、B都不选。

C. 要区别事实、情绪、策略。事实是“对方主导低密度联系”，情绪是“你心态不稳受其干扰”，策略是“低密度联系不应影响你的正常交际策略”。你该干吗干吗去！该认识新人认识新人，该社交社交，同时接纳自己的情绪不稳定，这很正常。

D. 严控投资。恋爱初期你对他的投资越多，你对他的需求感越强；你对他的需求感越强，他对你的投资越少；他对你的投资越少，他越难深爱你。而去猜他喜欢不喜欢你，是最致命的情感投资+精力投资+时间投资，所以，你看着办吧。此外，不要做任何有被认可期待的事情。比如回赞看看他的反应。如果你回赞，对方没反应，你也无所谓，可以回。如果你回赞后坐立不安地等他的反应，他没有反应，你越发坐立不安，那干脆回赞都不要了。

E. 这是最合适的做法。低密度联系可忽略不做处理（放），如果他来爱你，那么你可热烈回应（拿）；他转移注意，你去充实生活，而非穷追猛打（放）；他回来找你，便继续愉快玩耍（拿）；他犯小错，你冷落后撤（放），他认错认罚后，你既往不咎而非一辈子叨咕（拿）；发现他并不合适，你果断分手，他来你空间乱逛，你也不会心烦意乱（放）；他改正自己，脱胎换骨，断联复联，如无原则问题给机会（拿）。这就是我们常说的，在恋爱中应该具有的心理素质：拿得起，放得下。

当然，从问题本身已经可以看出提问题的女生需求感已经略强了。降需求的最好方式就是去扩大社交圈。要知道“坐等一天，价值三千”。行动才不会心疼，而坐等只能被虐。加油咯！

3. 按照好感–朋友–暧昧–情侣的渐进过程，单独看电影应该是哪个区做的事情？【多选】

A. 好感。B. 朋友。C. 暧昧。D. 情侣。

电影其实并不适合朋友或者仅仅是有好感的一对男女去看。有姐妹犯了这个忌讳，和三个单位知名优质男去单独看了三场电影，结果好巧不巧，都让人看到了。她说社交生活刚刚开始，就给大家留下了不好的印象，心里感觉怪怪的。那男女朋友一起去看，当然没问题了。暧昧对象是怎么回事呢？是你想从暧昧区升级到情侣区时要做的。得给对方与你身体密切接触的机会啊。而如果你觉得时机未到，就不急了。

答案：C、D。

4. 人的欲望包括（A. 被他人关注。B. 关注他人。）被人注视3~5秒后，（C. 他的被人关注欲望得到了满足。D. 他关注他人的欲望得到了满足。）而被人注视一秒，注视人害羞低头，注视人传达的信息是（E. 请来关注我。F. 我认真地关注了你。）【括号里的内容二选一】

答案：A、C、E。

【防渣手册】

好感区–朋友区–暧昧区–恋人区。好感区，也可以称为舒适区，就是相处舒服，略有好感的意思，比如即便是陌生人，看上去舒服，闲聊两句觉得不错，那就都在好感区了。朋友区就是可以分享心事和秘密的区域。暧昧区是在朋友区基础上散发性信号的区域。恋人区就是kiss后进入了排他阶段。

男生在好感区，尚未建立朋友关系，直接发出性信号，是较为明显的短择试探信号。如果女生积极回应，会被划入短择对象预选。请注意，这里很可能是短择试探，而非已经“短择”或“已经认定你为短择对象”。对该信号不予回应，男生可能继续试探；反击说“滚”才可能被划入长择对象预选。当然，男生如果毫无长择意愿，也可能直接不再和你接触。性信号包括亲吻、拥抱等肢体动作，文字或颜文字，黄色笑话，较为亲密的身体接触等。回应方式除了说“滚”，也可以跟他科普：“在好感区直接发出求偶信号是短择信号！”

“呃？你从哪里学的？”

“啊？你们男生不懂吗？网上到处都在说啊！是女生都懂的！”

“那我应该怎么做？”

“买买买！”

这样做，可以获得表白

如果前期铺垫你做得都很好，那么，接下来，会是蜜里调油、郎情妾意的一个阶段。也许你们彼此都已经对上了眼，但是，要有一个正式的表白，你才可以安心，是吗?

这就是我们经常期待获得的“仪式感”，从对方对自己的态度中，获得更多安全感和幸福感。

可是，男生并不是天生就会恋爱的生物。你需要这样做，才可以获得一个正式的表白。

这里，给出两个模板，你可以大致按照里面的“套路”，获得你想要的正式的表白。

他：我下班咯，你呢？还在公司吗？

我：（1.5小时后）早就下啦！

他：你忽略我的消息。（抓狂的表情）

我：没注意看手机啦。你今天去健身了吗？（转移注意力)

他：（再次抓狂）我健身发泄。

我：嘿嘿，原来你这么在乎我啊。（不要认错，也不要哄他）

他：就知道你完全不在乎我。

我：哈哈，怎么可能。

他：晚上在哪里吃的饭啊？

我：公司附近啊。

他：你难得早下班，还不回家陪爸妈吃饭啊？（男生觉得女生神秘，在试探）

我：哎哟，你突然这么关心我，让我有点儿措手不及。（岔开话题，试探他）

他：我一直都很关心你好不好！不像某人，完全不搭理别人的。

我：嗯，对，完全不搭理别人。还好你不是别人。（先冷后热，想勾搭对方，起码要让对方感受到你对他是不同的）

他：我没想到我今天下班还蛮早，本来想约你吃饭，但是怕临时约不好。看我多照顾你的感受啊。

我：哈哈，越来越懂我了，以后熟了就没那么多讲究了，随时都可以见。

他：真的吗？！

我：如果是男女朋友的话，当然啦。

他：我今天特别想你，实话。那我们正式交往吧。

我：啊？你是认真的吗？

他：难道我之前对你还不够认真啊？

我：幸福来得有点儿突然，让我考虑一下。

我：……（害羞）

他：其实本来我觉得感情应该是顺其自然的，无须说出来。就像我们本来就在交往，只是今天我突然想说出来。

我：那我好荣幸啊。（这时候女生要少话，但是甜蜜回应，引导男生多表达）

他：虽然我还不是非常了解你，但我很珍惜那种好久没遇到的心动感觉。

点评：

很多时候，男生喜欢玩暧昧，而不是正式追求，这个界限其实很模糊。所以，简单讲，女生需要通过类似“我不懂哦”“你是我什么人呀”“为什么关心我呀”这样的话，引导对方表达出真实意图。如果对方含糊其辞，就要继续延长考核期，或者直接让对方出局。只有正式追求，正式约会，正式表白，正式介绍给亲友，才可以继续交往。

简单概括，在这个时候，女生一定要“装糊涂”，才能让对方正式表白。下面这个模板，来自电视剧《爱情最美丽》，女主角同样使用了“装糊涂”大法，获得了非常正式的表白。

男：牛美丽，我想和你在一起。

女：马锦魁，你刚才说的什么呀？（装糊涂）

男：明白吗？

女：你说什么呀。

男：啊？还没明白？

女：你大点儿声。

男：（冲到山边）牛美丽，我想和你在一起！

女：（笑。指山那边……）牛美丽在那里呢？

男：听见了吧。

女：（笑。指山那边……）那是牛美丽。

男：你折磨死我呀。好，牛美丽，我想和你在一起！

女：（深情凝望，停顿）……在一起干什么呀？（注意：呀，嗲的。）

男：在一起干什么？在一起，在一起就是破坏了纯洁的友谊而建立了一种不纯洁的爱和情。行吗？

女：（直摇头，龇牙）什么纯洁的不纯洁的爱和情。（还有短择嫌疑）难听死了。你到底要说什么呀？

男：我跟你说吧。我从来没有对着一个女人说出过这样的话，所以我有点儿紧张。哎哟，我措辞有点儿问题。不是，你就别挑我了呀。

女：（温柔鼓励的眼神）你好好说。

男：美丽，我喜欢你很长很长时间了。你愿意接受我吗？接受我对你的爱吗？

女：（满意的笑容，羞涩）……那，王晓峰的事情你介意吗？（把所有顾虑和隐患说出来）

男：王晓峰的事你别介意就成。你别怨我。这事儿真得怨我。你说，当初要是我不撤退，他哪儿进得来呀。

女：那你当初为什么要撤退呢？

男：我脑子让驴……不是，是让王晓峰给踢了。他骗我，他说你们大学期间就是恋人了……不过我发誓哦，从今以后，爱谁谁，想跟我争美丽呀，门儿都没有。我坚决不放手，一定要占有。不是，我一定要拥有。

女：（满意地笑）再不放手了？

男：绝不放手。

女：今天的话都记住了？（强调一下：记住了？）

男：回家我就记本儿上。不对不对，我刻在心上。

牛美丽一扭身就走了。

男：这什么情况这个？（“推拉”，先推开，让对方小小煎熬一下）你到底是接受还是不接受呀？

牛美丽走到山边栏杆边，停住脚步。

男方追过去，接近，把住女方的腰，看前面风景。女方把头轻轻靠在男方的肩膀上，微笑看前方，然后两人忍不住互相对望。

总结：这些话可以反复说。比如：“你什么意思呀？”“我没明白呀？”“你大点儿声。”“那……你不介意？”“真的？”“记住了？”

全程表现得温柔，对方表现好就微笑害羞，不好就皱皱眉头引导。

最后简单画一下重点：当对方表达好意后，你可以适当小幅度后撤，低头害羞，过两分钟后，说：“我是很慢热的。”经验比较少的男生会加速表白，说等你，并加倍对你好。

服从框架——高低位逆转，这样做

你一定羡慕，别人的男朋友对她那么好，而你在恋爱中却一直处于被控位。特别是，别人的男朋友，只要女朋友说需要什么，马上就会跑去给她买，可是你却连开口提出这样的要求都觉得不应该。如果是这样，那么说明，你已经处于被控位了。而到底是主控还是被控，其实在恋爱的初期，就已经初具雏形了。

恋爱双方中，那个更有魅力、更不怕失去对方的人，往往能够成为恋爱中占据主控位的一方。

如果你不敢向对方真实地表达真实的情感，不敢说“no”的话，实际上已经说明你处在低位上了。

当然，很多女生实际上并不是真的有多差，而仅仅是不敢真实表达自我。而不敢真实表达自己的意见，就是低社交价值的表现。你必须努力提升，才能让自己回到“高位”。

有一句老话：“打啥底儿，是啥底儿。”也就是说，在恋爱关系的初期，包括热恋期，建立的高地位关系，可能会影响你们一辈子的恋爱互动模式。

那些想要什么，男友就马上给买的女孩，其实正是因为她们本身就处于主控位上。只要这样格局就形成了。

一、如何才能在恋爱初期，建立“我处于主控位，他处于被控位”的格局呢？

实际上，这样的格局正是通过一系列的服从度测试建立起来的。

1. 比如说，最简单的，两个人非常甜蜜的时候，你可以要求他喂你吃饭。他喂了，那么就是他服从了你一次。你就可以得到一个正向的“+”号。

再比如，他追求你的时候，你让他给你买零食，他买了，这样就再次确立了你的主控位这样一个位置。

通过循环往复的过程，你就可以逐渐确立你在恋爱关系中的“主控位-高位”这样一个位置。

我们再来强调一遍，你的每一次服从，都会增加对方的相对于你的价值。你的每一次服从，都会让对方的价值相对于你变得更高。你不断地服从对方，那么对方的价值就会变得越来越高。

所以，只要你有意识地不去服从对方，并建立对方对你的服从，你才能够实现格局上的逆转。

那么具体来说，应该如何从小处着手，逐渐建立对方的服从习惯呢？姐妹们这样说：

当你有意识依赖对方时，对方会无意识地依赖你。这样他会永远离不开你。比如，和他一起吃饭的时候，他告诉你你的嘴角沾有一粒饭，你可以把脸靠近他，告诉他："帮我拿下来吧。"这可能是有点儿窘迫的情景，其实也是利用心理诱导的绝好时机。这个技巧是刻意地创造出互相依赖的感觉，你是有意识地依赖对方，因此还可以掌控，无意识地产生依赖的是他。

2. 可以提前说，比如自己好笨，想下载一部电影，结果下载了半天打开一看是一套广场舞教学视频，解压缩后差点儿中毒，所以希望他能够帮你下载电影。你会把链接发给他，让他给你下，下载好了让他传在一个共同的网盘里。简单讲，给他男人该做的活儿，一般他不会拒绝。

3. 一般是让男性朋友帮你拿碗去加汤。

4. 恋爱的时候，可以撒娇让男朋友喂饭，然后再温柔地夸奖："你喂的特别好吃。"

5. 从小事开始默默构建。"你帮我递个杯子呗！""帮我贴个膏药在脖子上哦……再往下一点儿哦。"他做了就给一个实时反馈。穿衣服的时候，用可怜的眼神看着他说"人家扣不上后面的……"

6. 有些服从框架构建很隐秘。比如，男生说：你穿上次那件红色衣服好好看哦。或者：你梳长头发很美哦。不仅仅是恭维，他这样变相提出要求后，女生通常会乖乖服从他的指令。他会在交往初期通过这样的方法评估你的高低位。

二、男人构建服从框架，女人应该如何应对？

别以为男人不会这招，他们也很厉害。其实，女生在接受男生的追求时，也要冷静下来仔细辨别，他的追求行为中，哪些是在启动对你的服从度测试，并且有意识地启动对他的服从度测试。

有姐妹反映说："看到服从框架这个概念才知道，原来我老公情商很高，总是用木讷做掩饰，行动上却一直在偷偷建立服从框架，我完全有被绑架的感觉呀，要是早一点儿接触这些内容就好了。"

即便现在了解，也完全不晚嘛。我们一起来看看男生构建服从框架的案例。

【案例1】有美女被办公室男生勾搭，男生意欲短择，问应该如何处理。几天后回复我说：两人关系最近变得不融洽，男方似乎总是在和她对着干。应对方案：敌不动，我不动。对方没有明确追求行为，女方不需做出任何回应。解释：这是男生发出短择信号，女方不服从，男方给出的惩罚。

服从性测试的惯例就是：我提出要求-不论是否合理-如果我在高位，我意欲短择你，我并非非你不可，这时，如果你不服从我，我就给出惩罚。

【案例2】有男生在交往初期就限制女生的社交活动，如果一味容忍对方的限制行为：一来真的会降低自身价值；二来会显得价值低，没有框架；三来女生如果压抑自己去适应，会有怨气。所以，对类似过分限制女生社交活动的做法，女生要坚决予以回绝。

【案例3】我因为生病，没有办法陪男友，他就很不爽。是我太懦弱了吗？答：你现在完全在被控位，在对方的服从框架里。想办法一点点逆转过来，让他从潜意识里服从你吧。

长期被控位，长期服从对方，就不是心甘情愿付出了，这样自身的正能量会被透支，是非常容易疲惫、非常容易有怨气的。情绪自控力也会下降。大家体会一下。

在恋爱中，女人要表现得像猫不像狗。对对方的要求，不轻易答应。也就是说，对对方抛出的“服从框架”，不轻易就范。但绝对不是冲着他吼、嘶叫，而是温柔地转头，再回头看一眼，再走开。

简单讲，魅力公式就是：赞美他，拒绝他，直到他做好。

服从框架的构建一定是建立在强吸引的基础上的。只要能构建强吸引，再加上温柔地构建服从框架，你就是无敌的。

【练习题】

男人需要的是：A. 服从。B. 欣赏。【不定向选择】

答案：B. 欣赏。你是自己的主人，你只应该服从你自己。有时候你听他的话，那是因为你自己也觉得他说的有道理，说到底你服从的还是你自己。男人不会爱无判断无框架的女生。

治愈“打压怪”的妙方

你有没有一个总喜欢打压你的男友或是前男友或是老公?

一次和姐妹们聊天，突然惊觉，世界上到处都是“打压怪”。

“他会说你丑，说你笨，说你什么事情都做不好。”

“打击、说风凉话常有，正面鼓励少有。”

“对！”有个姐妹愤然说道，“我老公就是一只”打压怪“。他特别爱批评我，在他眼里我什么都不行，什么都不如别人。他说我不会，难道他就能开心了？他怎么不仔细想想，我什么时候这样打压过他？”

“可不是，和自卑的男人生活在一起，真辛苦。”

“我又不靠他养活，我干吗要天天受他的气。”

这也让我们意识到，身边的男人爱打压伴侣，还真不是个别现象。如果你家也有只“打压怪”，那一点儿都不奇怪。就算婚前碰到他不打压你，也难保婚后他不打压你。只有个别男人在遇见特定的女人后，才会不打压。

正因为“不打压”的男人稀少，所以他们成了婚恋市场的抢手货。“不打压”成了男性极高伴侣价值的体现。

并不是因为“不打压”，他的价值就高，而是因为“不打压”正好折射出这个男人内在的安全感和幸福感，更折射出这个男人外在经济地位稳固、情绪稳定、自信心强，总之能量强大，几乎就是帅哥级别了。

如果遇到的男生时常会打压你，怎么办呢？

最简单也容易记的方法就是：夸他眼光好。

比如，“你知道我最爱你哪一点吗？我觉得你的眼光和品位极佳。”

比如，“你知道我最爱你哪一点吗？我觉得你很会看人。”

比如，“你知道我最爱你哪一点吗？我觉得你眼光好，想骗你真难。”

又比如，“你为何在芸芸众生中选中我认定我呢？因为你品位好呀。”

“婚姻是一个男人对一个女人最大的肯定。”

其实所谓洗脑，一点儿都不难，只要一个简单概念反复说就可以了。慢慢地，他的脑海中就会有这样的印象：

他的眼光好→所以挑到了一个优秀的女生→他的伴侣优秀→所以他的眼光好。

当他下次打压你的时候，他会想：

这个女生这么差→自己的眼光差→自己的眼光不可能差呀→所以这个女生不可能差。

于是，打压你的念头就会停止了。

根据心理学知行合一理论，他日后的行为就会慢慢往他的这个观念上靠。当日后他想打压你的时候（行为），这个行为就会和他的观念（认知）不相符合，行为就会被潜意识终止。再后来他对你的认可度会越来越高。因为认可你就是在认可他自己，从而实现你们在他的认知领域的捆绑。

这里简单解释一下知行合一理论，这个理论是说：“一个人怎么做，受他想法的支配。反过来，一个人怎么做会反向影响他的想法。”

他开始认定正向的自我→他的行为越来越正面积极→你看到了他对你的正向付出→你开始真正地感恩喜悦→这种喜悦再次回馈到他的身上……

偷偷告诉你一个洗脑的最佳时段，那就是情到深处的时候。比如两人喝小酒时，又或者是吹海风时。特定的愉悦的记忆度高的场景最好，这样观念移植效果最好。

有姐妹反馈说：

现在自己偶尔说“我这么普通，多谢你能欣赏我”的时候，她的老公都会很温和地抱着她说：“你有那么多的优点。”他还会说：“你总是把自己放在很低的位置上，但我觉得你就是颗明珠。”

但其实男生总还是会偶尔打压的，但这些时候的打压可以被容忍。

比如,两人争论事情，女方获胜时，男方忍不住在其他方面稍稍打压一下女方找点儿平衡。

女方批评男方的缺点，男方认错并积极改进，但在努力过程中，进展不够顺利时。

再有，女方获得了一定的新成绩，但男方仍止步不前的时候。

还有就是女方在言语上或者是道德感上占了上风的时候。

说到底，这还是男人们的“竞争模式”在起作用啦。

不过话说回来，两个人在一起，就是不断地等待对方成长的过程，财富的增长与心灵的成长速度都不可能完全一致。彼此迁就是难免的。其实，所谓长久的爱就是心甘情愿地忽略这其中的差距，又或者是乐观地充满期待地等他追赶上来吧。

治愈“打压怪”，三分治七分等吧。

如何平稳度过平淡期

根据边际效应递减原则，一首再好听的歌，如果反复单曲循环，也一定有听到想吐的时候。一段再好的感情，谈得久了，也一样会遭遇平淡期。你是不是已经离平淡期越来越近了呢？

我们先来做一组测试题。

1. 每周有连续6小时以上单独相处时间。独处时，双方不看手机。

YES+1　NO −1

2. 两周之内，一起去过一个从来没去过的地方。

YES+1　NO −1

3. 两周之内，一起完成过一项新的任务或者做过一件从来没做过的事情。

YES+1　NO −1

4. 你的衣柜里内衣的种类大于8。

YES+1　NO −1

5. 你一年之内变换过发型。

YES+1　NO −1

6. 你和他相处的时候，总习惯性地主动抱着他。

YES−1　NO +1

7. 24小时之内除了工作、家庭的话题，你们之间有聊到其他的话题。

YES+1　NO −1

8. 本月，你们有尝试过新的体位。

YES+1　NO −1

9. 本月，你们在除了家里的床以外的其他地方做过爱。

YES+1　NO −1

10. 本月，你做过一件你觉得有创意的事。

YES+1　NO −1

11. 如果你在化妆室内处理女性任务，他不可以随意推门进来。

YES+1　NO −1

11−9分　优秀

8−7分　良好

6−5分　待加强

5分以下面壁反思

那么如果遇到了平淡期，应该如何度过呢？下面这些小技巧，姐妹们可以学起来。

1. 必须保证一周有6小时以上的单独相处时间。现在家庭教师或者钟点工的行情大概是30~35元每小时。200多元买下一个周末，小夫妻可以一起找找浪漫。

2. 环境必须是新鲜的，做的事情要是新鲜的，穿的衣服要是新鲜的，发型要是新鲜的，吃的东西也要适当做一下攻略，不要每次都是吃完烤串看电影，很无聊的。

就好像杨绛和钱锺书在异国求学时，经常一起去各处探险。走没有走过的路，穿没有穿过的小巷，寻找新的书店，尝试新的菜品。

永葆好奇心和探索欲，这样不仅人不会老，感情也不会老。

3. 列出一个情侣之间要做的100件事情的单子。比如，一起去蹦极，去玩滑翔机，去坐摩天轮，去露营看星星，抓萤火虫，去迪士尼看烟火，还要去看一场小剧场话剧，听一场音乐剧，看一次演唱会。制造属于彼此的专属记忆。

还记得《甄嬛传》里，失宠的安陵容苦练的一段冰舞吗？重获恩宠，分分钟的事。

4. 恋爱中，两人不能过于黏腻，不然性刺激会减弱。古人讲举案齐眉，适当保持距离，才能制造出张力，让体验更美好哦。

5. 营造第三空间感。简单讲，抛开工作、生活的两大空间话题，探索一些第三空间的话题。

第三空间的概念来自星巴克，它的理念就是创造一个脱离工作、生活两大空间的，让人放松、听音乐、喝咖啡的地方。你也可以尝试着运用这一概念。

6. 变换做爱的时空。可以适当选择日间，地点上可以选择外出开房，或是露营。还可以扮演偷情夫妻，就像刘嘉玲和梁家辉在电影《北京爱情故事》中演的那样。

7. 后撤，断联，其实都是制造陌生感的技巧。如果你们的关系实在已经进入一种让人乏味的倦怠状态，也许这样的方法可以帮助你制造属于爱情的张力。

8. 过有创意的生活。学习创新思维。创意思维是如何养成的？推荐读一读李欣频的系列创意图书。

那么，问题来了，是不是如果找到一个很懒很懒的男人，他会懒得和你一同去创造陌生感呢？

是的。

不过，他也懒得换女人。

为什么你喜欢的人不喜欢你，喜欢你的人你不喜欢

如果你喜欢的人不喜欢你，喜欢你的人你不喜欢，很大可能是因为你高估了自己的伴侣价值，总是在高攀你配不上的人。此外，还有一种情况，我们来慢慢分析。

陆琪说过：女人对男人的爱不过是母爱+性。

那么，我想说：男人对女人长择的爱不过就是保护欲+性。

所以聪明的妹子，你应该马上就明白，为什么大部分情况下，你喜欢的人不喜欢你，喜欢你的人你不喜欢。

因为，当你喜欢对方，内心荡漾时，起作用的是你的母爱+性。但与此同时，这种能让你母性大发的男性，你是很难在你母性大发的同时激发他的保护欲的，因为男人对母亲很少充满保护欲。

而当对方对你充满保护欲的时候，你又很难母性大发。这就是一对矛盾。

能激发男性对你的性不难，下一步就是激发他对你的保护欲。只要做到了这两点，一切迎刃而解。

而其实，对方对你的保护欲和你对对方的母爱的产生是有一个时间差的。

这样看来，其实大家常说的，就是“在自己还未母性大发的时候，就给对方一些机会，看看对方能不能产生对自己的保护欲”。这样想来，似乎也没什么错。

而女汉子们的做法则通常是在自己对对方母性大发时，主动发起雄性一般的性追逐。

其实，想解决他喜欢你你不喜欢他相对容易，也许稍稍等一段时间，你的母爱被激发了，就有机会了。反之，想解决你喜欢他，他不喜欢你，如果方法不对，则会非常困难。

如果他喜欢你并发起了追求，你可以引导他对你产生保护欲，也就是养成他对你的长择的心。而在日后的漫长相处过程中，只要对方偶尔露一个破绽，在你面前展露一下小孩子般的天真，你的母性是很容易就被激发出来的。

可是，如果你喜欢他，他不喜欢你，难道你要倒追吗？

倒追最大的风险不在于追不到，而是追到后，男方有更大的风险会通过日后出轨的方式进行找补；或者只是短择你，而不是长择你。

你限制了男性追求女性的欲望，这种欲望一旦被压抑，就会通过各种各样的方式释放出来。是男人就是要追女人的，除非他不够man（男人）。

因为男性的睾丸素含量是女性的6~15倍，这决定了他们的性冲动比女性旺盛得多，性冲动决定了他们的出轨概率比女性高，男性的婚后出轨率是50%，而女性是37%。此外，他们还会通过嫖娼的方式来释放他们多余的性冲动。这些旺盛的性冲动也决定了人类大多是以男性追求女性为主要繁衍手段的。而倒追则是在女权主义兴起后，社会灌输给女性的一种新的意识，而非本能的冲动。

女权并非不好，但我们必须冷静地意识到：如果只有把我们包装成男人的样子或者以类似男人的行为方式才能让我们获得女性权利的话，这样的女权不是真正的女权，而是本质上的崇男媚权。女性有女性自己的力量、自己的行为方式，这本身就已经充满了力量，而不需要我们非要装作自己的睾丸素含量超级高才能证明自己有力量。

也就是说，当你学习男性发起性追逐行为的时候，其实，你并不是基于你性方面的冲动，很大可能是基于我们从小到大受到的教育，图书和电影、电视剧向我们描绘了美妙的恋爱画卷。但男人不这样认为。人都会从自己的行为方式出发推导他人的行为方式。比如，当自己发烧是因为感冒时，我们自然推导出其他人发烧是因为感冒；当自己打喷嚏是由感冒引起时，我们自然推导出其他人打喷嚏是因为感冒；当自己抑制不住性冲动发起择偶追求时，我们自然推导出其他人发起择偶追求是因为抑制不住性冲动。男人理所当然地认为，发起主动追求行为的女性是他们的同类。他们太了解他们自己了。他们比谁都知道，私下看A片的是男人，16岁起性冲动无法抑制的是男人，看见美丽异性忍不住行注目礼的是男人，看见大波流鼻血的是男人，婚后以出轨为荣的是男人，主动发起性追求的也是男人……于是，当你发起主动追求时，他们的脑子里浮现出的画面是：啊！一个同类出现啦！

如果碰巧你腿毛没刮干净，一副大大咧咧的直性子……一大波如花袭来的直视感呀……

您这又是打算逼弯对方的节奏吗？

为什么倒追成功后，男性反倒容易出轨？因为男人多吃多占是天性，因为如果男人努力努力，一辈子生100个孩子不难，但女人再努力，一辈子也就能生30个，所以，男性重量不重质，女性重质不重量。男人可以长择一女，短择多女，以增加后代子嗣数量，但女性不会，因为占有太多男人，她的后代子嗣数量不会和占有一个男人有太大区别。当男性同一个男性化明显的女性结合后，他就会更加担心这个女人的忠诚度问题。他的推导路径是这样的：她能追到我，自然也追得到其他类似条件的男人。她太强大了。如果哪天她看上了别的男人，我就可能喜当爹啦。为了防止类似风险的出现，我先养几个备胎，多在外面播播种，这样我才安心呀。所以，倒追真的不是好方法。

当然，不是所有倒追都没有好结果。

我只能告诉你，在高概率上，倒追不容易成功，关键是即便成功了，它的投入与产出也不成正比。有这样的精力，不如放在提高自身价值和扩大交际圈上。而且，与倒追相比，勾搭、吸引帅哥更加划算，也更加有效。

当然，如果你能在勾搭、撩汉的同时，顺带着激起对方的保护欲，那就更加厉害了。

如何激发男人对你长久的爱

其实一个男人对一个女人长久的爱，说到底并不复杂，无外乎保护欲+性欲。当两点具备时，他就会愿意投资在这段长期关系中。

那么，如何才能激发对方对你的保护欲呢？并不是寻求帮助，对方就会对你产生保护欲。以下这些可以求助的事项对此有帮助，但以下你不应该求助的问题，则不会激发对方的保护欲，反倒会产生一些负面的影响。

你可以求助：

汽车维修和保养

电焊及挖掘机技术

电脑及管道维修

水管、影碟机、家具维修

深夜买零食

穿越封锁线

蟑螂、蚂蚁、老鼠、蛇的问题

怕看又想看的恐怖片

打雷睡不着求陪床

太晚不敢一个人回家

帮你把菜里面的鸡头夹出去扔掉

帮你拎行李、放饮水机、打开饮料瓶盖

开车、倒车入库

问路

帮你弄灭厨房里的火

陪你走夜路

背后的扣子系不上时

帮你做一些旅游攻略

餐馆及菜式推荐

电影推荐或一切他擅长的领域内的推荐

使用电钻、挂画、爬高、打蚊子

户外人体取暖

开罐头

搬动家具

户外烧烤

搭帐篷

购买户外活动装备、钓鱼装备

按摩

喂食

接送

涂抹防晒霜

带饭

照相

递水

帮厨

唱歌给你听

哄睡觉

讲故事给你听

你不应该求助或者即便你求助了也别指望他会帮你解决的问题：

你的情绪失控需要求助于闺密或者心理医生，永远别在男人面前像个疯子，他们无法理解女人的情绪化。

想倾诉的时候，不要求助于他们。他们会忙着给出解决策略，而你不想听他们唠叨，只想让他们认真倾听。那么还是求助于你的闺密们吧。

你突然出现哀怨的情绪，露出落难美人般的眼神儿，但其实这是无效的。

让他替你做决策。这样不好。我知道女生喜欢凡事征求他人的意见，但男人并不如此。你必须拥有做决策的能力。让他替你做决策，他会觉得很辛苦。

替你完成你的工作，比如你的论文、你的报表。他会觉得你不具有掌控工作的能力、独立生存的能力。

替你确认你的梦想。如果能遇到欣赏你的梦想的伴侣，当然很好，但是你必须有自己的梦想和努力的方向。

听你抱怨。减肥减不下来，功课做不完，找不到东西，工作很赶压力很大。

不自信。期待通过陈述自己的不自信来赢得他的认可和帮助，并反复如此。而其实你不应如此，你就是最特别的。

消极。

自己原生家庭的氛围问题及经济问题。如果他主动帮助，要感恩，但要知道这不是他的义务。

公司里和你不对付的女人带给你的烦恼。

你的烦恼，比如你开始衰老，身上有了赘肉，脸上爬上了皱纹。但这些都不应该是你缺乏魅力的原因。忘记它们，时刻焕发光彩，而不是耿耿于怀，唠叨不停。

没有安全感。

对方如果不时刻联系自己，就坐立不安。

前任带给你的伤害。

你人生失败，等待他人拯救。

无法控制自己的感情或是情欲，需要借助于他人的帮助。

亲人的死讯。这个问题他解决不了，而且负能量很大。不要期待他解决你的情绪问题，也别把他解决不了的问题丢给他。两人因此出现矛盾的概率很大。

异地的时候，向他求助，他没办法赶来替你解决的问题。

一切以“我求求你！你帮帮我！”开头的请求。

他人对你的评价引发你的情绪波动。自信的女人只有自己能评价自己。

人格缺陷。比如“我很自私”这样的问题，他解决不了，而且会看轻你。

询问他：“我应该整哪里？”

替你决定买哪种颜色的衣服/包包等。男人会直接疯掉。

心烦意乱思维混乱的时候，暂时离开他，直到你可以简短清楚地描述自己的想法。

简单概括的话，对于自己的困境不主动倾诉，如果对方询问，可坦诚告知。

说白了，男人对女人的保护欲是情调而非负担。如果你自己就没骨头，趴在地上一摊烂泥，轮不到男人教育你，生活就会抢先冲上来给你一巴掌。

我们总会在脆弱时更加不自觉地想去找他，不知不觉，他总会看见那个脆弱的自己，可这不是我们想要他爱上的自己的样子。其实，脆弱只有在自己可控制的范围之内，才能激发他人的保护欲。

先努力做强者，再学会如何去示弱。

不能让对方觉得他必须把你掮在肩上，不能让对方觉得你在吸干他，不能让对方觉得你太难取悦，不能让对方觉得你是在装悲苦，不能让对方觉得你扮可怜是有图谋，不要把他解决不了的问题丢给他。

说到底，对方愿意帮助你在你性别的天然弱点上，比如怕黑、怕蛇、怕打雷；不愿意帮助你在你的短处上，比如懒、贪、丑、弱、挫、穷。

【问答题】

可以询问对方自己穿短裙好还是长裙好吗？

答：可以问，但忘记他说的，按你喜欢的去穿吧。

【选择题】

哪种说法更好一些：A．我一个人在国外，突然好想爸妈，怎么办？（悲伤地）

B．我一个人在国外，突然好想爸妈，我把你当作我身边唯一的亲人，你能抱抱我吗？（望着他）

答案：B．尽量别给男人下达复杂的任务，而要下达具体的指令。所以相对来说，“抱抱”这个指令更加清晰，而理解女生的情绪，如悲伤，则相对复杂。万一对方领会不清楚，忽略了你的感受，你会更难过。

激发男人保护欲的话术大全

1. 老公，蟑螂！

2. 呜呜呜，下雨打雷了，人家怕怕。

3. 生病了，疼。

4. 开汽水瓶的时候，说“好紧呀，开不了，亲爱的……”然后递给他。

5. 展示可得性的同时顺便激发保护欲的话术：“虽然我还不确定我的心……不过××，你这么优秀，又这么温柔……我想××，你一定不会伤害我的，对吗？”

6. 我怕黑，我怕鬼，我怕一个人待在家里。

7. 在外人面前都说："我听他的。"

8. 可怜的×××（自己的名字），没有漂亮的裙子。（出差打包的时候拍了给他看）男朋友就说：不要担心，我回广州后就带你逛街，给你买漂亮的裙子。

9. 人家饿了。

10. 啊？我怎么又迷路了。

11. 你欺负我（凶我），吓到人家了。

12. 每天晚上我父母都不放心我自己回家。

13. 做实验的小白鼠死了，喊某男帮我拿出来，自己站在他身后，怕怕地说："啊，都硬成一个鼠饼了。"其实，如果只有我一个人在的话，我会面无表情地默默地把小白鼠扔掉。后来寒假里，那个男生在实验室做实验，还要告诉我实验室小白鼠的惨状，我还得配合他装出一副害怕的样子，心想：我开心在家过年，不要跟我说这些好不好？

14. 以前不太说"我怕"，感觉自己说起来怪怪的，现在经常会跳到他身后说："好吓人啊！"

15. 打雷闪电就把自己蒙在被子里。

16. 我穿的高跟鞋有点儿高，可以走慢一点儿吗？

17. 看见路上的小狗，马上跳到他身后，弱弱地说一句："呜呜呜……吓死我了。"

18. baby（宝贝），别人都说我长得小巧，总有想保护的冲动，那你跟我在一起，有这种冲动吗？结果他就吃醋了，然后跟我谈了很久……

19. 晚上，几个小伙伴走在回宿舍的路上，有几个男生说有怪声音，我顺势做惊吓状，假装害怕得下意识抓住了当时有好感的一个男生的胳膊肘，再马上放下，飞也似的跑回宿舍。那次成功卸下我在他心目中气场强大的女汉子形象。

20. 哎呀，怎么办？（蹙眉）

21. 一次，我走路被门槛绊了一跤，然后就顺势摔在了他身上，说："老公，它绊我。"结果，他就拉过我深吻了。我想是激发了他的保护欲吧。

22. 有段时间跟婆婆住在外地，厨房好多蟑螂，老公因为要回我们家，我们也无法保证每晚会在一起。可是我每次看到蟑螂都跳脚（而且那时候我怀孕了，准备生产了），所以，老公一直不敢离开让我一个人睡。因为孕妇经常要起夜，厕所、厨房一定有蟑螂，偶尔老公离开，婆婆就会跑来帮我抓小强。直到现在我已经是两个宝贝的娘了，可是，老公还是每天晚上都陪我去厨房喝水吃消夜什么的。如果发现厕所里有蟑螂，他一定想办法帮我搞定，一天捉不到不安心，我一叫，他马上冲进来保护我……看着一个大男人那么用心地抓蟑螂，我满心感动……

23. 双方之前均无恋爱经验，老公不会哄人，一起看电影，有血腥画面，他居然说："有什么好怕的。你怎么这么胆小。"后来一次，我一击制胜。一次出现血腥打斗场面，我又怕了，他很不耐烦地说："这有什么呀，小意思呀。"这时身边一对情侣正抱在一起。男的问女的："怕不怕啊？"女人摇摇头，又亲亲。我就稍作后撤，委屈指出，他不像以前那样爱我，以隔壁情侣为例，说明自己不是他的好哥们儿。然后他好像顿悟了一样，抱住了我。自此，再无不耐烦。我想，他一定是把我想象得和他一样坚强，以前他对待我的方式是友谊的一种表现方式吧。我想说，保护欲什么的，如果男人没保护过其他女人，确实是需要你做一些引导的，别指望地球人都明白你的微妙心思。而我能成为老公第一个开放心扉保护的人，好感恩。

24. 你生气的样子好凶哦……

25. 教我，好不好？

26. 只要有你在就好。

27. 有你在，我什么都不怕了。

28. 我记得我以前和男朋友讲过小时候的故事，说从小父母管教得特别严格，有一年生日，我哭着对我爸说对不起，我没有长成你期望的样子，但是我好累，什么时候能遇到一个人对我说："你已经足够好了，你已经有我了。"然后，男朋友听了就很心痛。

29. 说天气好冷，然后一边吸鼻子……

30. 你简直是全能超人，没有你，我可怎么办？

31. 好难哦，要不你教我吧。

32. 男朋友做了过分的事情，我会说："太欺负人了。再这样欺负我，我就……""你就怎样？""我……我……我就哭……呜呜呜呜……狂哭不止……"然后对方笑场："还以为你有多大本事呢，就知道哭。好了好了，我不欺负你了，好不好……"

特别鸣谢戒律群姐妹提供以上话术。

这样和男人沟通最有效

对付男人，直说是最好的表达方式。

好吧，今天我们来讲讲机场接机的故事。

话说，某女坚强出差回来，赶上深夜航班，凌晨两点多抵达。女坚强有一条“帅哥鱼”，于是打电话给他。

女坚强：“凌晨两点多到广州哦。”

帅哥鱼：“要不要我去接机呀？”

女坚强：“哈哈哈，不用不用，我自己搞得定。”

帅哥鱼：“哦。”

结果可想而知。女坚强下了飞机，独自一人在机场拦巴士，凌晨三点独自一个人拎着行李走过空空的走道回到家。

打开房门，打开灯，换上拖鞋，疲惫地瘫坐在行李箱上，突然眼泪就流了下来。

是什么让人落泪？

是期待。

其实，女人的思维模式和男人的思维模式不尽相同。女人的思维模式是“记账式”，男人的思维模式是“翻篇儿式”。女人在说“哈哈哈，不用不用”的时候，其实心里是想，你看我多独立，你应该把我的“独立”记在小账本儿上，好好夸夸我。嗯，作为奖励，最好来“接机”。简单讲，女人支付了“懂事”+“独立”，期待获得“奖赏”+“理解”。这笔小账女人们都读得懂，但偏偏男人们读不懂。

我们换位思考一下。

两个男人，一个在上飞机前对另外一个说：“我今天凌晨两点多到广州哦。”

另外一个回：“你需不需要我接呀？”

第一个男人说：“要个屁。不用你。”

此时，第一个男人心里有期待对方来接的意思吗？

当然没有。

如果第一个男人在下了飞机，走到大厅时，看见第二个男人正靠在自家车边上，摆着潇洒的造型等着他，你不觉得有一种深深的基情荡漾的感觉吗？

所以，男人压根儿不能够理解女人心里所谓的期待到底是怎么一回事。

对于男人来讲，当你说“不用”时，这件事已经彻底翻篇儿了。他们就不会再在这件事情上浪费一分一秒了。想让男人读懂你的期待，看懂你的账本，除非你可以放低对男性雄性程度的要求。

女人的“互助协作模式-记账模式”运用得越熟练，越会受到男人的伤害。

所以当你遇到这种男人时，记得直接说出你的要求。即便他可能会拒绝，但这也比你把期待藏在心底，默默地憋出内伤来好得多。

试着学会理解男人的“翻篇儿模式”并巧妙地加以利用吧。

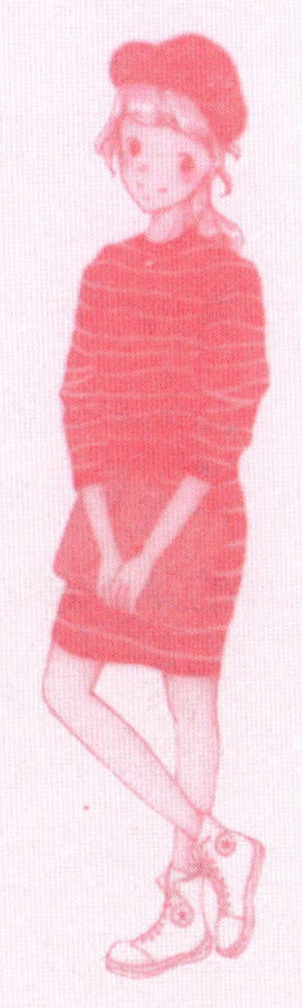

主控位、被控位逆转——后撤（1）

很多时候，当最初的框架博弈发生了问题，你因为框架比较弱，而被碾压到了被控的位置上，那么，除了前面讲的“服从框架”构建，还有没有其他方式让我们实现逆转呢？

其实，还有后撤和断联这两个办法。简单讲，后撤就是“逐层降级”，断联则需要彻底切断联系一段时间。

这一节，我们先来讲讲后撤。断联放在后面再说。

【概念】后撤，和“逐层升级”理论是相互映照的。

所谓“逐层升级”理论，是指男生在追求女生时，必须把握几个时间点。如：kino，牵手（准男女朋友关系确立），kiss（男女朋友关系确立，进入排他阶段），上床，同居。“逐层升级”理论认为，男性不应贸然越过等级，不然会造成女生强烈的反感情绪，彻底搞砸恋爱。（“逐层升级”理论，大家可以去看罗辑思维《女人是一道题》那一期。）同理，当男生的某些表现让你感觉不满的时候，你也可以逆用“逐层升级”理论，开始“逐层降级”，也就是我们常说的后撤。（书下注释：已婚的可适当减少黏在一起的时间，问题比较严重的时候，可以实施在同一屋檐下，同屋不同室，婚内分房，但不能夜不归宿。）如果你们处在同居状态，后撤到上床状态，上床状态后撤到kiss阶段，kiss阶段后撤到牵手阶段（此时甚至可以适当引入一些他的竞争对手，或者制造假象，让他误以为竞争压力增大）。

后撤最终的目的是要解决恋爱中遇到的问题，而不是用这种方式来惩罚对方，更不是用这种方式来发泄自己心中的不满情绪。

如果你在这个过程中让对方产生了负面情绪，那对方会觉得，他为自己的错误已经被动支付了“情绪价值”，他的错误已经得到了惩罚，那么按照男人的“翻篇儿”思维模式，这件事情就过去啦。可是，问题还在那里，没有得到解决。

【总则】

后撤后，要保持一定程度的联系，亲密度保持在撤回的区域内。比如，原本处于亲吻阶段，那么后撤到牵手阶段。这个时候，接受对方拉起自己的小手，但要巧妙地回避对方的索吻。

后撤的时候，一定要很温柔——心里坚决后撤，嘴上温柔示弱。一边后撤，一边展示高价值，并且给点儿吸引力。减少见面接触频次，提高每次见面或接触的愉悦度。

只要你把频次降下来，他就会慌张起来。反应慢的男人一两天也就都反应过来了。这个不能急。

慢慢等他反扑，他一反扑，你就把你所有不满列一个单子，包括你的不安和担忧。

然后和他商量怎么解决。重点是，需要由你列出清单，他负责想如何解决。

建议表格形式如下：

问题　　话术　　解决方式　　救济手段

如：调用抵押物、质押物或者保人的力量

1. 问题：男友几次没有及时接电话导致的信任度缺失。话术：特别担心你，不知道你没接电话是什么原因。不要让我胡思乱想好不好？解决方式：公开彼此手机密码加深信任度，并让彼此融入对方的亲友圈。

救济手段：留下共同认识的联络人的电话，出现紧急情况的时候，可以通过中间人及时联系到男友。

2. 问题：同居情况下，男友因为工作太忙，从来不做家务。话术：我体谅你的辛苦，但让我独自承担家务，我心里委屈，也觉得确实做不完这么多事情。解决方式要对女友在家务上的付出表达感谢，如定期赠送小礼物或鲜花。救济手段：按月支付生活费，每周适当请一两次钟点工帮忙处理家务。

3. 问题：婚后，老公的一位女性朋友经常主动找他，言语暧昧。话术：如果一个女人真的爱一个男人，那她就会对他充满了独占欲。解决方式： 删除该女性好友，并在日常生活中和她保持距离。救济手段：按照婚前承诺，房产加名，以增加女方安全感。

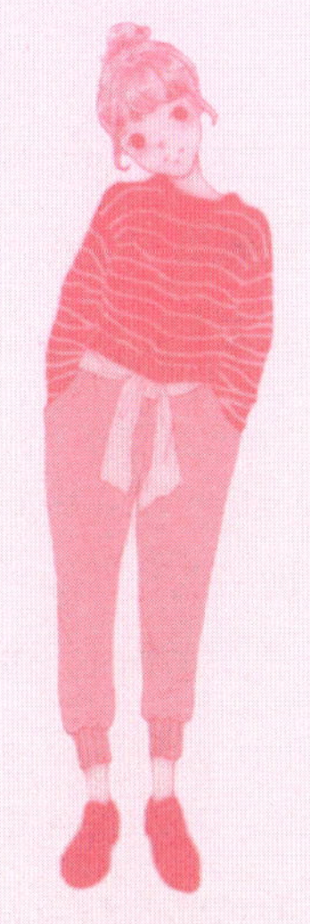

主控位、被控位逆转——后撤（2）

恋爱未确立关系时的后撤案例。

Z小姐的追求者H先生是一个高预选（交际圈比较大，受到很多女生青睐。）的魅力男，最近追她追得很殷勤，Z小姐也颇为心动。但Z小姐对这段感情最大的不安源自男友的高预选以及对其他女生示好的不拒绝。她思前想后，启动了后撤模式。

“汇报一下，刚用了述情，效果出乎意料地好，签了各种不平等条约，他打算一一照办。终于搞明白后撤的真谛了。”

“说下述情吧，男人的思维真的是不一样，我以为，只要我后撤，他就应该明白我怎么想，可是他居然不懂。为了研究后撤后的‘述情理论’，我特意去看了赵永久的书《爱的五种能力》，然后重新调整了方向。”

“我觉得，后撤可以取消既定约会，可以少回他微信，不回也可以，但最好有正当理由，比如忙。如果对方察觉到你的情绪变化，而且对这种变化表现得很在乎，会紧张地问你怎么了，这个时候述情最好。”

“所以在前天他已发现我情绪低落并且哄我时，我撒娇说累，没告诉他真实原因，并且取消了所有既定约会，包括一些很重要的约会。这个时候，一定不能乱发脾气。昨天我没回他微信，他下班后很紧张地打电话给我，我说今天工作很忙，而且告诉他晚上要和大客户吃饭，非常迅速且简短地挂了电话，语气平淡。”

“私下里想好了如果他再打来电话，我应该如何应对。简单讲，就是要“述情”，重点就是：‘事实+感受’，不带情绪地说出：‘你怎样怎样，我感觉怎样怎样……’表达一定要尽可能精准。”

“果不其然，他真的在不久后就再次打来电话。我接电话后并没有着急说，而是很温柔地引导他。他调侃我说：‘约会说取消就取消，小妮子，你可真重情重义。’我说：‘你呀，就是太重情重义了。’他马上警觉了起来，表达自己不管对谁好，最在乎的永远是我。我说：‘但不知道为什么，我却没有这样的感觉呢，我之前一直觉得我们之间的关系越来越好了，我也越来越有安全感了，但是现在觉得好像是我想错了。’

（这是我在表达可得性，但又表达了得不到我是因为你自己，和我无关），他就真急了，开始表忠心，以前不敢说的关于男人没有自信没有安全感的话就都说了。”

“怕他越说越自卑，我特意插话，表明他在我心里一直都特别优秀，特别好。但是随后立刻表明就算这么好，如果我们两个对待异性的看法不一致，我也可以立刻结束这段感情，虽然这会让我感觉非常伤心。他就又急了。”

“最后我看前期铺垫得也差不多了，就说了那天他和他闺密的问题，说看到他们有说有笑（事实），自己感觉尴尬加失落（感受）。这里注意，不要指责对方的行为，只要准确描述事实和自己的感受就可以了。他说原来如此。接下来就是签订不平等条约了，试用期三个月，试用期结束才会成为男女朋友，只有义务，没有权利，所有这些都是他自己说的，我就是不停地反问他：‘你说呢？’原本我们也没到接吻的阶段，所以试用期内拉手都没了。”

“不平等条约内容包括：1. 他会定期供应我指定的某品牌的零食。2. 他的所有约会都放在中午，晚上随时等我召唤。3. 在我找不到朋友的时候送我回家。4. 他还表示，会为我学习做饭。鉴于他表现良好，我恢复了部分约会，也想看一下他和异性的相处会不会改变。”

主控位、被控位逆转——后撤（3）

1. 恋爱关系确立后的后撤案例。

T小姐表示，她也曾经实施过后撤方案。“当时的情况是，我和男友确立男女朋友关系后，我觉得他比较抠门，对我在事业发展上的限制也比较多。因此，我想了很多，直接一大步，后撤到分手的程度。他一听说要分手，追到我的单位寝室，抱着我说了很多感人的话。我也被他感动到不行。但我没有忘记我们之间存在的本质矛盾。我跟他说：‘我是长女，我要拼命工作，照顾父母，我可能不是你想要的那种女孩。’当时我真的好伤心，一直抱着他哭。他发誓一辈子照顾我爸妈，还拿出所有房产证，许诺婚后就加我的名字。我这才知道，原来他居然那么有钱。这不是技巧，完全是真情流露。如果恋爱涉及一些本质问题，让你深感不安，感觉恋爱没办法继续走下去时，可使用这样的方法。这个时候，可以哭，要表现出极其不舍得这段感情，但把实际顾虑和危机感表达出来。这时候，哭可不是技巧，而是一种真情流露。现在我们结婚已经6年多了，我很幸福。”

2. 婚后的后撤案例。

Y小姐表示，婚后老公还是有一些臭毛病，比如说，他总喜欢莫名其妙地发脾气。“一次因为他单位的事情，就迁怒于我。但这个时候，我知道如果我发怒了，一切就都毁掉了。我这个时候应该先去处理一下自己的负面情绪，我得为我自己的情绪负责。等我处理好了情绪，再回头跟他算账。”

“于是，我以和闺密约好为由，先是出了家门，然后去吃了很多好吃的，逛了逛街，然后刷他的卡，给自己买了一个包包，心里爽多啦。这里我想说的是，如果你心软不敢下狠手，也可以考虑刷一大笔钱给他买一份没有用但昂贵的礼物。这样，他记痛，还不好发作。”

“这期间他给我打了三个电话，我都没接。后来，临回家时我给他发了条短信，扮娇弱：‘老公，我在外面吃坏了肚子，痛得我没顾得上看手机。’”

“三个电话没接，他就已经足够慌张了。这就相当于后撤。他也意识到白天自己的态度有问题了，也被惩罚了，嘴上马上开始服软，好言相劝了一番。这个时候，你不能站在道德制高点上，这样你获得了情绪价值，实际问题却没能得到解决。他服软了，你就顺着梯子下就好了。”

“在这件事情上，我采用的是让他犯错一次、肉痛一次的处理方式。当然，有时你在占领主控位后，要求对方订立城下之盟，也是完全可行的。这里特别嘱咐下姐妹们，婚后后撤，一定要把握的原则是，离家后一定要在晚7点前回家，不能夜不归宿，不能冷战。”

如何实现华丽的逆袭，推动你和他之间的复合（1）

许志安和郑秀文，分手后复合修成正果。

莫文蔚嫁给了她的初恋情人。

谢霆锋兜兜转转又和王菲走到了一起。

不管多好的恋情，都有可能走进分手的绝境。但并不是所有的分手，都意味着关系的完全终结。

这一篇就写给心里有着复合打算的小伙伴们。

其实分手的情侣中，大概有83%的概率会复合，但只有3%的概率可以走到最后。但这并不会影响到大家想要复合的心。

而且问题的关键在于，通过分手到复合的过程，我们可以反省自己在上一段关系中出现的失误，从而修补对彼此的伤害，特别是，在这个过程中，去看清自己想要复合的念头是出于“执念”还是“真爱”，这些都是可以迅速提升我们恋爱等级的功课，更可以使我们避免在下一场恋爱中犯类似的错误哦。

【概念】

断联：分手后想复合，你需要做的恰恰是断联。所谓的断联，就是彻底地断开你们之间的联系。做到三不到：看不到、听不到、感觉不到。不仅是你看不到、听不到、感觉不到他，也要让他看不到、听不到、感觉不到你。（本概念来自林子的《恋爱从失恋开始》这本书。）

这种关系上的彻底断开，才是复合的第一步。

其实，《周易》中也提到，双方的关系出现问题时，不妨切断联系一个季度，也正好就是三个月，以作“太岁不全”论。又或者彻底地分开，意味着完整地经历过了一次失败的恋情，也有人管这叫作“刑过”——已经经历过一次磨难，以后会更加平顺。当然，这只是一家之谈，并不是断联三个月的理论基础，只是说，其实古人也有类似的思考罢了。

此外，女性在与男性有过肢体接触后，体内会分泌一种叫催产素的物质，发生关系后，催产素量更会飙升。这种物质让你觉得离不开他，觉得痛苦。而三个月左右的时间，也可以让你的催产素水平大体恢复到正常水平，这时你对你们之间关系的判断也会变得更加客观理性。

之所以断联三个月，也是因为这样的时间段比较适合你实现一个相对完整的自我提升，也足够去接触更多的异性，扩大交际圈，冷静去思考彼此是不是真的适合共度一生。经过冷静的思考和周全的审度后的理性判断，会增加关系的稳定度。太短，往往感性会战胜理性，很多判断不够客观，而且没有办法达到很好地“洗印象”的目的。

所谓的洗印象，就是通过这样的断联，改变他脑海中对你的固有的负面印象，从而达到再次接触时，让他眼前一亮的感觉。

【断联的理论依据】

在心理学上有一个名词叫“损失厌恶”。简单来说，人们都有害怕失去的心理。一样东西你拥有它的时候，往往会忽略它的好，而只有失去的时候才会追悔莫及。运用断联这种方式来修复关系，内在的原理正是利用了人们的损失厌恶心理。

损失厌恶也叫损失偏误，指同等程度的得到带来的快乐值小于同等程度的失去带来的痛苦值。比如你捡到100块带来100个值的快乐，那么走着走着，你发现自己口袋坏了，100元丢了，那么你的痛苦值至少是120个值以上。你妈妈今天多给了你100块，快乐有100个值。你朋友借走这100块不还，痛苦至少有120个值以上。

再比如，你觉得你拥有智能手机后的人生比你拥有智能手机前的人生，幸福度有明显提升吗？如果从现在起剥夺你的智能手机终生，且不提供替代物给你，你的幸福度会不会受到影响？知道失去的打击比获得的愉悦大多了的道理了吧。

再举个手机的例子。你获得时假设快乐有100个值，时间久了厌倦了，快乐值成为60个了。哪天手机出故障，你一生气，干脆不用它了。此时，如果没其他手机出现，很快损失厌恶感就来了，至少有120个值吧。

一方提出分手，另外一方就不用再联系，其实与此类似。你们刚开始交往的时候，会很甜蜜，但随着时间的推移，会开始觉得无聊，也可能在这个阶段因为一点儿小事而分开。但是，正因为人有强烈的损失厌恶情绪，原来拥有的突然失去了，才会抑制不住地想要找回。想想是不是有些很小的东西丢了，也想拼命找回它，不然睡不好呢？如果知道现在不找就可能永远找不回了，会不会更加抓狂呢？

在完全无人干涉的情况下，我们以丢失物品为例，损失厌恶会随时间推进进入一个高峰后渐渐回落。他的损失厌恶值高峰是复合的最佳时点，这也是在他真正觉察到失去你以后，认真思考清楚是不是要重建关系的一个时点。

而当分手后女方强制联络甚至祈求不要断联，那么男方就不会有“我好像丢了一样东西”的失去感，也不会产生损失厌恶。如此，损失厌恶值会一直呈现低水平运行，直到完全被消磨干净。

损失厌恶值=损失物价值/再获得性。损失物价值越高，损失厌恶越强烈。损失物品再无法获得，损失厌恶感越强烈。比如，如果是《蒙娜丽莎》丢了，人们一定非常难过，因为不仅价值高，而且它具有稀缺性，再获得性低。

同一价值，可再获得性越低，损失厌恶值越高。比如一双手套在家里找不到了的损失厌恶值和在超市找不到了的损失厌恶值不同。前者低，因此你的寻找行动会不太积极；后者高，因此你会第一时间积极寻找。此外，积极地寻找是在投入沉没成本。比如，你的单位时间人工价值是500元，那么你找手套花的时间越长，你越是忍不住要把它找回来。这也是断联后，对方求复合时，需要稍稍给对方一点点阻力，让他稍稍多投入一点儿的道理。

断联后出现的追求者会让对方感觉到你的再获得性在降低，会强化其损失厌恶感。这就是在断联时，扩大交际圈、认识新朋友的原理所在。

当然，为了促成有效的复合，我们也可以人为去推高损失厌恶值。

提升本身伴侣价值，可推高对方损失厌恶值。比如你丢了一套500元购入的纪念币，没几天发现这套纪念币已经增值到5万元，那你的损失厌恶值一定会升高。

看到这里，你应该已经大致明白断联的原理了，那么断联期间我们又要具体做些什么呢?

如何实现华丽的逆袭，推动你和他之间的复合（2）

【断联的心理建设】

提到断联，在实际的操作中，会有很多小伙伴表示，这样对方会不会觉得自己心太狠，对原来的感情不够看重，如果这个时候有其他人乘虚而入怎么办？

这就是断联过程中非常常见的恐惧心理。那么害怕失去，就好像你手脚僵硬，把你扔水里，你是学不会游泳的。

在此期间，你一定会反复纠结。对方是不是不喜欢我啊？

他到底什么意思啊？我该怎么办啊？后撤有用吗？断联有效吗？要删除对方微信好友吗？他不主动，我是不是就不要心存希望了啊？我该不该等他啊？这一切问题的答案都是：你应该做什么就去做什么。

断联最怕的不是他有新欢。所有问题的根本还是筹码。筹码不足在一起对方也会通过多偶等方式进行找补。断联、后撤最怕放不下，输不起，离不开，摘不净。

你们最终能不能在一起，要看你们对彼此的认可度，而不在这一举一动上。简单讲，能在一起的自然会在一起，不能在一起的，自然不会在一起。如果在断联期间，他和其他的女孩子在一起了，那也许这就是他的天命，而你也一定会有你自己的天命。

后撤、断联、消失……不管做得多绝，也不要发疯，逞口舌之快，优雅着默默去做就好。

take it easy（放松点儿），这样对你自己会比较好。

断联之后，一般如果对方没有新的女朋友，过段时间十有八九他会跑来给你点个赞呀，偶尔发一两句话什么的。不要如蒙大赦般，屁颠屁颠跑去献殷勤。这个时候，你需要淡定，可以去跑跑步，敷敷面膜，找小伙伴玩儿，不要东想西想的。想回复就回复，不想回复，就晾着。

【分开后做什么】

1. 修复自我印象

之前已经讲过了“洗印象”的重要性，但除了“洗印象”，你也需要努力修复你对自己的印象。失败的恋情让你给自己贴满了负面的标签：丑、老、蠢、不值得被爱……如果你没办法改变自己心中对自己的这些负面印象，你怎么能洗干净别人对你的印象呢？从现在开始给自己贴正面的标签吧：美、年轻、聪明、值得被爱……你信了，别人才会相信。你需要先树立自己对自己的一个正面印象，并从行动上努力朝这些目标进发。

提升自我价值。我们要制定目标、列出时间表、具体执行，并进行最后的效果测评。具体的方法，可以参看下一节“单身及断联期提升伴侣价值的注意事项”。

扩大交际圈。具体方法可以参考“学会‘鱼池管理’”那一节。

2. 严格实施断联

断联后一定要制造不可得性。要做得多彻底呢？三个月内他发过来20条短信，打来10个电话，你一个都不回。你口头上说：“我再也不爱你了，再也不想见到你了。”是根本没有任何得分的。只有行动上的坚决执行，才会真的产生效果。

此外，断联不仅仅是断掉联系，还要把他扫出大脑。你需要用许多有趣的事情填充你的大脑，不然你的大脑在这个时候是很容易被他占领的。你要努力做到三不到：看不到，听不到，感觉不到。

在完整地实施了三个月时间的断联后，当你收到复联信号时，就可以开始尝试重建恋爱关系了。

行动信号为：1. 他主动联络并示好。2. 原来因客观因素分手，如今客观阻碍消除，如异地变同城。行动的原则为：再次展示高伴侣价值及女性价值，对方重启三项投资：时间、精力、金钱。

单身及断联期提升伴侣价值的注意事项

提升伴侣价值，是告别单身以及断联期间让前男友重新启动追求并夺回主控位的关键。

但在实际操作中，能切切实实在短时间内做到有效提高伴侣价值的人不多。大多数女生都会告诉我，她开始学习瑜伽课程、阅读图书，由此可见，她以前一定只是每天等开饭和煲韩剧混日子来着。但仅仅做到这些还不够。

我们需要按照以下步骤科学高效地完成我们的自我提升计划，不然提升伴侣价值基本和提高个人素养一样，是个广阔到漫无边际、持久到可以持续终生的活动。如果你的提升速度不及你的竞争者，那么即便你再努力，仍不见得会有很大的收获。当然，心态也要好，即便是小进步，但凡与自己相比，只要有进步就应该开心。

所以，我们必须制定目标，列出时间表。，具体执行，效果测评。

这里的目标不要放在体重、成绩这些难以完成的事情上。我们的目标非常明确，就是提升吸引力。所以，时间表里最重要的事情是……

思考一下吧。

【参考答案】

一、目标

其实我的建议是：

1. 服装搭配。这肯定比练瑜伽减肥见效快。特别是改穿浅色柔美的服装，增加女人味，关键还在于这些颜色可以平复激动情绪，达到自我治愈的效果。关于服装搭配，多真诚地咨询他人意见，注意服装对身材的修饰作用。

2. 发型。不要染烫，剪一个适合自己的发型或刘海儿。

3. 清除攻击性语言和情绪方面的负能量。清除言语中充满攻击性的词汇，自我达到快乐状态。最有效的方法是列出快乐清单，逐一完成。

4. 把每天的提升伴侣价值活动用照片记录下来，分别发到朋友圈的姐妹组。一周内点赞最多的，发到异性好友可见组。

5. 言语沟通能力提升。学习话术并尝试与他人交往时运用。可能你需要一个笔记本，随时翻看。

6. 恋爱技巧方面的书籍阅读及笔记整理。各种理论的分类储存。

7. 正能量回馈。这是成为一个giver（给予者）的关键，也是形成能量正向循环的关键。最简单的就是学会夸奖和感谢。

二、时间表

一周为一个周期。一个月为一个疗程。

三、执行

在时间表上的各项后面留出空白，完成一项给一项打钩。

四、测评

这一步是防止你盲目浪费时间的关键，其中包括三个关键测评要素：1. 回头率。2. 朋友圈。3. 得到的笑容反馈。

1. 你练一辈子瑜伽却没回头率，你就算白练了。没回头率，你就是布景板。布景板怎么会有吸引力？一定要把你觉得最美的衣服、鞋子穿上，走到人群密集的地方去测回头率。没人看就一定是5分以下。有人看，才可能超过6分。

一个人每天接触到的信息是海量的，被看见不等于被发现。反复被发现，才能给人留下印象。有印象才可能通过你的形象的反复出现产生亲近感，有亲近感熟悉感才有信任感，才会有“我们是一伙的，你是无害的”这样的信号，别人才会开始与你建立关系。这一切都建立在回头率的基础上。

2. 我们要做的是吸引力测评。如何测定一块吸铁石的引力大小呢？放一堆钉子在它附近，看它能吸来多少呗。

效果测评就是用成绩说话，而非自我催眠。不管你用什么样的方式扩大了朋友圈，增加了愿意与你互动的朋友数，就都是胜利，就都代表了你的吸引力得到了提升。不用跟我汇报你做了多少个俯卧撑，这没有太高的评定价值。

3. 你是否讨人喜欢，和你的自身价值虽然有关系，却不一定有直接关系哦。比如有人非常优秀，但就是不招人喜欢。评价你的吸引力的标准之一就是别人有多期待和你互动，有多期待和你共度时光。这种如沐春风感，不是来自你的付出，而是来自你的魅力。注意观察说话时对方的表情。如果对方脸上总是展露笑容，你就成功了。怎样才能做到呢？当你快乐漫溢时，一定会感染到他人。如果你在单身期或者处在已经解除了恋爱关系的断联期，可以下载各种社交APP，和陌生人沟通锻炼口头应答能力，并对各种话术的有效性做一个测评。

当你的回头率上升，交际圈扩大，微笑反馈变多时，你的桃花也就来了。

总之，催眠自己是戴着天使光环有教养的小天使，你的美好愿景会带你到达你想要的“幸福之境”。

关于断联的一些小问答

【问】断联要不要删对方的联络方式呢?

【答】如果你的自控能力足够强大，那么即便你保留对方的联络方式，也不会再主动去联系对方。如果你的自控力弱，那么即便你删除了对方的联系方式，在忍不住想联络对方的时候，你也一样会千方百计再把对方给加回来。所以，增强自己的自控能力是关键，删不删对方的联系方式意义不大。

至于我自己，其实不建议大家删联络方式，双屏蔽就好。因为，男生判断女生是真分手还是假分手，就是看你删不删他的联络方式。删了，他们就会认为是真分手，也许会马上转头找别人。

而且删了再加回来，真的很打脸的。

【问】如果双屏蔽，他怎么知道我有进步呢？

【答】如果你有进步，他一定可以感觉得到。

【问】微信朋友圈要不要继续发照片呢？

【答】如果是因为你的坏印象导致的分手且是明确分手了的，短期内你的伴侣价值也提升不了太多，可以屏蔽对方或者把对方放在一个不可见的分组里，目的是为了洗印象。如果你们只是闹别扭，有分歧，谈条件，且你们处在尚未完全自我展示的阶段，你只是期待用断联达到让他反扑的目的，那么不删，而且在朋友圈发美照，展示高价值制造引力。

如果觉得对方追求得不够热情，更不能用断联或者屏蔽朋友圈的方式。这是吸引力不足的问题，不能靠断联来解决。

【问】男友要冷静一段时间，辛苦断联，今天他约我，应该如何表现？

【答】如果最后的结局是男友找你摊牌，决定离开，那也算是痛快，毕竟没有耽误彼此的时间。你可以干净利落地离开，但仍要保持一个女人应有的优雅。如果对方表达了想要复合的心，那么可以像恋人一样上演浪漫戏码，比如可以穿粉红色或者红色的衣服，戴上头顶的天使小光环去赴约吧！

【问】不是要嘴上温柔，行动上坚决后撤吗？断联结束后，对方主动邀约，不是应该高冷拒绝吗？为什么复联后，要展示女人味和浪漫感觉呢？

【答】其实并不矛盾。我知道，很多女孩子辛苦断联就是为了他找你时发脾气，出那么一口恶气。不过要记住，想逆袭，这还远远不够。所有被控位发脾气，提要求，给对方惩罚都是作死。除非你真的回到了主控位上，你才可以提要求，但也不要发脾气。

断联的目的是让彼此冷静下来，是解决问题，不是发脾气，更不是碾压对方的自尊心。

【问】断联前的最后一条短信应该如何发？

【答】以下这些可供选择：1. 如果你不爱我了，就告诉我，我不会纠缠你的。2. 我知道分开其实你也很难过，不管如何，记得我会像以前一样喜欢你。3. 珍重，只可惜我恐怕再无勇气像喜欢你一样去喜欢别人了。4. 我想给自己三个月的时间，改掉××这个毛病，到时候会来找你汇报哦。5. 也许我不是你心目中想要的那个女孩，但仍感谢你曾给过我那么多愉快的时光。

如果这些都记不住，那么可以简单记住要点：断联前的情绪表达应该是伤心，而不是愤怒。分开时愤怒，一定不是出于爱。

【问】冲动分手，适度断联，今天他突然给我发微信说昨天梦见我，还说该生的气已经生完了，脑子里一片空白。我应该如何回复？

【答】可以回复："嗯。突然好想吃××。"其实推荐吃火锅。因为只有亲密的人才乐意分享食物。如果对方有意复合，会主动邀约并请客的。如果对方无意邀约，也不会显得太过于尴尬。

【问】我觉得进入平淡期以后，男友对我没有以前那么上心了。我可以采用断联的方法提高感情浓度吗？

【答】断联是大招儿，必须用在刀刃上。如果他仅仅是偶尔忽略，可以考虑趁着某次生病，示弱，激发对方的保护欲。

【问】如何评估复合效果?

【答】如果你真的是成功获得一段长期关系，那么对方的精力、时间、金钱三项投资都足够，就算是成功地复合了。复合过程其实就是再次引导对方投资的过程。

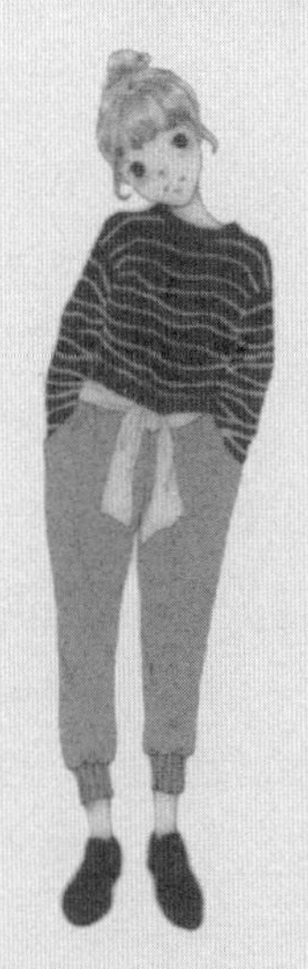

我们从争吵、分手到最终走入婚姻——断联复合大案例

他说过，我是他唯一主动追求过的女生。

我们最初相处的时候，感情浓度很高，可是，随着时间的推移，我觉得他对我越来越不上心。导火线其实是我妈嫌弃他买的房子离市区太远，我还傻乎乎地把这话传到了他的耳朵里。从那以后，我发觉他对我越来越冷淡了。

过去他经常开车来接我去约会，后来变成经常是他一个电话，我就得屁颠屁颠地赶到他的家里。就这样，低位状态持续了一段时间，我开始对我们的关系越来越没有安全感和把控力。不久，我们之间爆发了一场大的争吵。

吵架的原因，按照他的原话就是：“你当初对我一脸嫌弃，现在还不是给我做饭。”

话说，我也是家里的小公主，从来没有给人做过饭，当时我就生气了。

我就不吃饭。

其实，现在回想起来，就是自己的情绪控制能力差，没什么恋爱经验，遇到问题，就喜欢“作”。

当时只想要他来哄，看他坐着不动，我就开始乱丢茶几上的东西。

其实，女生作就是想通过这样的方法，在处于劣势的时候，确认对方对自己是不是真心。可是，当时他也在气头上吧，就冲着我喊：“有本事你砸电视机呀！”

当时，我脑袋一热，就把电视砸了。

那是他新买的电视，一万多块的液晶超薄。

我当时一冲动，直接给掀到地上，屏幕就全碎了。

他一愣，接着大喊：“你继续啊！还有空调！”当时，他脸都红了，眼睛也是红的，我还以为他会揍我，吓到了。

当时，我就非常没骨气地哭了，说：“我错了。”

他就不再说话了，沉默地坐下来，打开电脑，开始玩游戏。我就默默地坐在他身边。

他说：“你走吧。”

我说：“我不走。”

他说：“我不想看到你。”

然后他玩累了。

他说："我睡沙发。"

我说："你睡床，我睡沙发。"

他说："算了算了，一起睡，你莫碰老子。"

然后他果然不让我碰，尝试了大半个小时，我体力不支。

第二天早上我做了稀饭和煎蛋。

就会这些。

他也难得起来了，不过没理我就去厕所了。

我就打开了小门说："老公吃早饭好不好？"

他说："滚，关门。"

然后我说："不滚，你不答应我，我就看着你。"

他说："哦，那吃吧，吃吧，你先关门。"

然后，吃完早饭，我就回家了，他都不送我了。

从来没这样过。

下午他去踢球，他的好朋友不知道这件事情，还叫我带吃的来。

我就去了，穿着他买的衣服、鞋子，买了他喜欢吃的东西。

反正就是这家伙傲娇了几天，就好了。

当然，只是我以为他好了。

其实，他在心里已经给我扣分了。

他也不再每天都给我发很多条微信了。

砸电视机后的几个星期后，我发现他又加回了他的前任女友，还一起约出去吃了个饭。

女人的第六感就是这么准，我感觉不太对头，就偷偷看了他的手机，他们的微信聊天记录都没删。

我怔怔地坐在家里，发了一会儿呆，接着开始收拾落在他家的东西。

特别冷静。

做了卫生，换了床单，把我的拖鞋、毛巾、牙刷都扔了。

心里默默念叨：“这个家我以后是不会再来了。”

心中无限苍凉。

离开前，发了那条分手后的最后一条微信。

“如果你不爱我了，就告诉我，我不会纠缠你。”

然后我就关了机，哭得天昏地暗。

坚持到晚上，我才敢打开手机。

结果，挺失望的，他就回了一句：“你有病吧。”

接下来，我的状态特别不好，整整哭了三天。

一天起码哭5次。

跟周围所有人都哭了个遍。

后来，身边的人都叫我祥林嫂。

可是，我也没办法，脑袋里都是回忆，我不说，我不哭，我会憋死。

可是，他还是没有找我。

我实在撑不下去了，就去旅游了，先是去了上海。

他一个月就发了三条微信：

“人咧？还不回家？”

“你在哪里？”

“你强！有本事莫回来。”

我没回。

他过生日，我都没回武汉。

其实是有点儿怕。

我在心里反复跟自己说："他不回头，我就再找。吃亏的是他。"

其实说实话，这个时候去认识更多朋友才是抵抗恐惧的唯一办法。

我就在那时候认识了很多新朋友。

要特别感谢当时陪在我身边的一个上海姑娘。那段时间，我开始了白天po（上传）美照，然后哭，然后补妆po美照的日子。断联的时候，一烦躁就看情专的微博和书冷静冷静。

不知道从什么时候开始，我发现自己不再倾诉这些事情了。

后来，我从上海去了韩国，回来在武汉待了一天，有好朋友邀请去三亚，有朋友结婚，但我不认识。她们说："你去吧。带你去坐超跑……"

然后真的在一天之内，坐了六辆超跑。

晚上回酒店，那天他过生日。

夜里两点他给我打电话了。

我浑身发抖，还没接就哭了。

结果电话黑了。

然后，他又重新打了过来。

这次我才顺利地接起来。

没有偶像剧里的情节，他开口第一句，居然是脏话。

"你×××想死吧。还没玩够？非要老子去捉你？"

我就说了一句："你不要我了。"

然后我就挂了，接着就关了手机。

我觉得自己表现得不好。

丢脸。

一开口我就输了。

我应该继续装高冷的。

不知道他怎么知道我海南的朋友的电话，又打了过来。

他说的第一句话我忘不了。

他说：“你怎么不充电？”

我说：“不知道呀，坏了吧。”

他说：“哦，那个我错了。”

我说：“你没错，都是我的错。我不该砸你的电视机，不该在你朋友家和你吵架。”

他说：“哦，我买了机票，明天见。”

后来，他来了。我说：“对不起，我受不了你和前任联系，别人看你一眼，我都觉得你要被抢走……别和我说是普通朋友，普通朋友就是’有没有都一样的朋友‘。”

他说：“那不做朋友了，我只当她死了。”

然后，他说去房间坐一下。

我知道这样不妥，就说：“我已经退房了。”

他说：“啊，多住一晚也行呀。”

我说：“不住了，你走不走？”

他说：“走走走，立刻走。”

去机场的路上，他说：“我给你买辆车吧。我年底的款到了。”

我说：“我没驾照，你买车干吗？”

他说：“买了你去学就行了。”

回武汉后，我就去上班了。

他找我，我就对他好，不说以前，不看手机，不和他睡。

和他见面，我就穿高跟鞋、小短裙，以前不和他朋友说话，现在也努力和他们玩儿。有情绪要发，我忍。后来，他每周来我家洗碗。

送我侄女，接我侄女。

跟我妈妈卖萌。

某一天，他拖着我去领证了。

没有求婚。

……

【通则】对于在恋爱关系中对自己的被动地位极其不满，想要逆转，并能够接受最坏结果“分手”的姑娘，下面是给出的基本步骤。

1. 心中默念：“我要的是幸福，而不是特定的某个人。”目标明确，脚步才不会乱。如果两个人在一起不幸福，那么不如分开。放下执念，才可能收获欢喜。

2. 尽量避免在家里谈话，最好约在咖啡厅，给整个谈话一个郑重、严肃的氛围。约在外面，也可以避免情绪激动影响理性思考。谈一谈要有仪式感。

3. 语气温柔，展现女性魅力，他才会更尊重你。不能撒泼，不能恐吓对方、威胁对方。做到语气温柔，态度坚决。

4. 对方态度过于激烈，急于复合时，使用的话术为：“关键不是我的决定，而是我们在一起是否会幸福。我希望我们能冷静下来，仔细考虑清楚。”

5. 当他重新追求你时，你可以要求他上交财权、许诺婚姻……总之设置高门槛。

6. 我们必须尽快对未来做出规划，对相处模式进行改善。如果都做得到，可以尝试继续相处。在此之前，给他一个月的期限，保证自己在这一个月内不接受其他任何人的追求。然后重回21天驯夫计划。门槛与希望、期限同时给出。基本上就是二次恋爱的意思。

7. 他指出你的问题时，你要以学习的态度虚心接受。当他指出双方都有错误时，要知道这句话本身没错。但是，你也要明白，这是变相打压的一种。就算平局，也要推翻重来，新一轮你一定要坐稳皇后位。对他的考核里还包括：你对我的引导能力——我的错误，你必须以一种我能接受的方式引导我改正。我希望在我们两人中，你是更有主导能力的一方。这其实也是在推掉自己的责任，省得他总以此打压你。

8. 面对广大男性倾慕者，做到不牵手、不亲吻、不看电影等，就没人挑得出你的错。不过让倾慕者接机不是问题。

9. 如何让彼此冷静下来认真谈判？避免在私密场合谈判，被紧紧抱住，催产素就会出来捣乱。谈判时，放下情绪。提前想好各种应对，就不会感情用事。引导对方思考，两人就会相对冷静。千万不要见不够冷静的男友。

10. 终极测试给出目的之一就是，让他意识到能不能追到你是他自己的问题，而不会因为追不到你而迁怒于你。当事情对他来讲是取决于内因时，他就不会过于愤怒；而当事情取决于外因时，他就很容易痛苦。

划重点：

【当妈的挑剔女婿的话，女生可别傻傻地两头传。不然，

男生会觉得自己辛苦出钱买婚房，你们娘俩还合伙嫌弃，这就不好了。当妈的不懂事儿，当女儿的得多留个心。】

【男生任何碰触三妻四妾容忍度的行为，都可以用这样决绝的方式处理：1. 伤心。2. 后撤。3. 冷静，不吵不闹。】

【断联期间非常重要的功课：扩大交际圈，结交新朋友。觉得自己断不干净，心思烦扰，就去旅游。别在这个时候参加考试。】

【事前已经提醒过事主，不能在密闭空间单独相处。断联后复联，如果男生上来就和你有了身体接触，断联后强大的想复合的冲动和体内翻涌的各种激素，会让彼此相当不理智。一旦发生了关系了，女生的优势地位就又丢了。问题还没解决，那么就会重新陷入原来的死循环里。记住，这时一定要稳住，先解决问题。】

【不能太矫情，别挑剔，感恩就行。本身就是比较脆弱的断联后复联。对方送礼时，你要收，然后表达感谢。】

为什么不能给男朋友买贵重的礼物

我的表姐是一个女汉子，又聪慧，又美貌，又有钱，又自立，是大家口里的“别人家的孩子”。大家都很羡慕她。

有一个妈宝男狂追她。

上交银行卡，各种表忠心，一副长择的美好状态。

于是，两人开心地在一起了。

当然，妈宝男通常都挺帅气阳光的。

恋爱了，表姐偶尔也想撒个娇，享受一下被宠爱的感觉。

可妈宝男说：“不要，我就喜欢你高冷的样子。”

于是，表姐就继续高冷，但心底很深很深的一个角落稍稍有点儿失落感。

后来，我教表姐说："不然你试试后撤？等他反扑，你再重启驯化？"

表姐很有耐心地听取了我的话。可是，事后她反馈说："妈宝比我还懂后撤。我只要一冷淡他，他就会一直一直冷下去。但凡我稍稍主动，哪怕是发一个字过去，他就会开始'哀号'，说我不理他，他好伤心。明明就是他不理我。"

直到有一天，表姐彻底愤怒了。

起因是她给妈宝男买了件很贵重的礼物。然后，她说，她就开始各种不好了。

"嗯，他没有任何反应哦，然后很心安理得地就接受了。"

【思考题】

为什么不能给男生买贵重礼物？

还记得我说过的男人思维模式吗？他们的思维模式是"竞争翻篇儿式"。你送我礼物，我很开心，这就ok了。

但女生的思维模式是"协助互助记账式"，当你买了贵重礼物送他的时候，你的心理预期会明显升高，对对方的要求也就默默地拔高了两个梯阶，事后特别容易被男生的一些小毛病所激怒，比如，聊电话时率先挂掉电话，打电话不积极，去和朋友看球却不在家陪你……当对方哪里稍稍做得不好时，你就会异常地容易心理失衡，即便是事情已经过去很久了。所以，送对方以贵重礼物，是很容易让你心理失衡，并讨厌对方的一种行为。而很大一部分女生在发现自己的付出没有得到回应时，下意识不是终止付出，而是加大付出，这样就进入了新一轮的恶性循环——你越给越多，对方仍没有任何回应，你越来越失落，越来越绝望。

至于男生，他们在接到贵重礼物后，不仅不会感动，反倒会觉得：

1. 有便宜可占。

2. 好诡异。

3. 干脆塌缩成婴儿期，等待你的哺乳。他很可能会在接受贵重礼物后，默认你的强者地位，以后会变成他靠你了。你就这样把大树培养成小草了。

其实，在恋爱中，男生女生的孩童天性都是很容易被激发的。在遇到心爱的人后，我们会下意识地在他身上寻求父爱或母爱，把他当成父母来依靠。过度依赖男友，女方就会变得很“作”，过度依赖女友，男方就会变得很“妈宝”。所以，任何可能过度诱发他体内孩童天性的行为，都应该被强行禁止，不然，最终的结局很可能就是他在向你提出分手后控诉：“我需要一个懂我的人，而不是第二个妈！”

当然，并不是说所有的男女逆位一定是硬伤。很多女强男弱的婚姻状态也在持续磨合中不断变得更好。这其中的前提就是我们常说的，双方必须足够认可对方，彼此手中的筹码均衡，再就是，女方也在不断地展露自己的女性特质，慢慢引导对方男性特质的外在表达。这是一个过程，不能因为女强男弱就一棒子打死。总之要一步一步相处着看看嘛。

如何应对男人的三妻四妾容忍度测试

不少女生都在反映，有的男生就是嘴贱，在交往的过程中，时不时地表示自己很受女生欢迎呀，男生风流一点儿没什么呀。生活中，做这样试探的男生还真的不少呢。

【案例】

1. 男友之前没女友的时候跟一个高中同班女生走得很近（他说关系很亲密，但只是朋友，没有出格），后来因为跟我交往，他主动减少了和她的联系。而且带我见过她，偶尔会一起玩。那女生也是没事老换男朋友。我问我男友为什么以前跟她走得近，怎么没交往。他说真的就是朋友，根本没想过别的。可是我觉得男女之间根本没有纯洁的友谊。我想知道我男友对她到底是什么意思。过几个月我们准备出去玩。男友想叫上几个朋友（包括她），我老觉得特别别扭，因为女生长得没我好看，但是身材不错，所以我很介意。我该怎么做?

2. 男友会把身边朋友的风流事拿出来跟我说，像某兄弟旅游艳遇劈腿啊，某朋友劈腿追师姐啊（我还发现男友帮他出主意），舍友经常跟女友去开房啊。这是因为他当我是朋友跟我聊天，还是因为看轻我，把我当情绪垃圾桶?下次他再说，我应该怎么说比较好?

我们要先分析一下，男人的这种行为背后的动机。

说白了，我们都知道男性比女性更乐意获得更多的性伴侣。在恋爱问题上，男人重数量而女人重质量。男性的睾丸素含量是女性的6~15倍，这决定了男性的性冲动出现得比女性频繁得多。

从现实角度看，男性的婚后出轨率在50%左右，而女性的则占37%左右。可见，男性比女性有更多的多偶冲动，毋庸置疑。

所以，每个男人心中都有着一个三妻四妾的梦。

在确定恋爱关系后一段时间内，他们必定会下意识地开启女性的三妻四妾容忍度测试。也就是说，他们在试探你对三妻四妾可行性的认可程度。当然，这样的试探并不是一下子就探到底线上，彻底把两人之间的关系弄僵，而是一步一步慢慢逼近你的底线。

初步试探，如何应对？

试探是一步步来的，不会一上来就让你觉得特别不舒服。比如说，哎，你某某闺密长得还可以嘛。这就是典型的第一步啦。这个时候，如果是我，就会直接瞪过去，用冷冷的眼光杀死他的小心思。再有，他会试探地说：“男人在外面，多少都会有点儿逢场作戏……你看小赵……”这时候，我就会说：“但我觉得你不会，如果我是小赵的老婆，我就一边听着交响乐一边把小赵大卸八块。”然后，下次他让你哪里不舒服了，你就可以偷偷放放交响乐了。

如果，你男友跟你解释说：“她只是我的一个小粉丝啦，我跟她没什么。”

这时你需要这样回答他：“老公，你是唯一让我如此在乎的男人，在乎到即便你只是有些爱慕者，我也会很紧张很焦虑。一个女人如果真的爱一个男人，会对他充满了独占欲。我觉得出于这个原因，我是没办法和她好好交谈的。我真的没那么大方。而且，她的存在会让我觉得好没有安全感。”

此外，当他做得不好的时候，后退一步，冷落他。他问起就装无辜。比如，“啊，是吗？我没冷落你呀。”“哦，那天我肚子痛。”此处千万别乱发脾气。像班主任老师一样，温柔地看着他，等他自己认识到错误。当他做得好的时候，热烈地鼓励肯定。千万别做反了，做得好时受冷落，做得不好时肯定，男人就会被你训练成坏男人了。

进一步试探，如何应对？

很不幸，如果他的初级三妻四妾容忍度测试，身为包子的你，已经默默容忍了，那么，他现在开始进一步向你的领地进军了，又应该如何是好呢？比如，你已经很“偶然”地发现了他在QQ上与某人互留“我好想你”之类的暧昧内容了。

通常，这个时候，你们之间的恋爱关系应该持续一段时间了，应该已经或者刚刚走出热恋期。因为在热恋期，即便是男性，他的眼中也只有一个你，怎么看怎么都是你的优点。除非，他压根儿就把你放在短择的位置上，或者根本就是想找个低价值的配偶方便他婚后出轨。总之，这种情况要么出现在过了热恋期，要么出现在他从来没热恋过你的情况下。

这就到了你情绪大爆发的时候了。

撒泼打滚敲桌子，怎样都成，越吓人越好。

撒泼打滚敲桌子的前提一定要是你平时从来不这样。这样，有限的几次撒泼机会就会用在刀刃上了。不然时常撒泼打滚敲桌子，人家都免疫了。所以应该好好利用这样的机会的。因为你们已经相处了一段时间，是奔着婚姻继续接触的。他踩你底线，你就一定要狠狠反击。顺便展示一下你发脾气的情况下最坏的可能，好让他有一个心理准备，别结婚后才发现你的本来面目，抱怨货不对板。婚姻的进出成本远远高于恋爱的进出成本，因而适合不适合，能接受不能接受，这个时候就要做一个预演练。

撒泼打滚敲桌子，一是要让他怕，二是要让他对你有一次进一步的了解。

此外，如果你手里有他的银行卡，大可以以此为由头拼命刷。当然，如果有若干包子不好意思花他的钱，那你就刷他的卡，买一个超级贵但没什么用的礼物送他，让他心疼又不好发作。

直到他为此表达歉意，记住，这又是一个你提要求的时候了。比如，你想结婚后出去工作，他不同意，又比如，你想在房产证上写名字，他不同意。这个时候，就趁着他觉得亏欠你，赶紧提出要求。但要求不能多提，一般一个要求比较合适。记得写下字据。契约精神就是这样建立起来的。

可能会有姑娘说：“这样作，不是逼男友去小三那里吗？”

这里一定要弄清楚的是，如果是你老公在外面有小三，你反倒不能撒泼打滚敲桌子，而要冷静地搜集证据，防止对方转移家庭共有财产。

但婚前要展示高价值。他搞暧昧，你不言语，那就是暗示你的价值远低于他。你伸脖子让他虐，他焉有不虐你之可能啊。即便是男女朋友关系已经确立，你仍要保留你女皇的地位，保留他追求你的态势。这样才能真正走进一段你占主导地位的幸福婚姻。

我知道这个世界上有极少数的优质男性是不会启动三妻四妾容忍度测试的。如果遇上他们，请珍惜，如此狠辣的招数自然用不到。但凡他启动了，我们的紧急应急措施可千万别忘记使用。

那个暧昧对象应该如何处理？

亲爱的，恋爱、婚姻和合同一样，具有相对性。你需要解决的问题焦点一定不能糊涂。如果你把矛头对准了小三，你男友日后成为你老公，短择其他女性后想脱手，不知道如何搞定，就把小三往你面前一推，让你解决，方便他泡下一个小三。

笛卡儿说，我只会做两件事情：1．简单的事情。2．把复杂的事情变简单。

所以，解决男友和其他人暧昧的最简单策略就是彻底搞定男友。如果男友忠贞，所有小三都是浮云。你拉着你男友的小手温柔对望，她就会分分钟肝疼欲裂；你和你男友越幸福，她越会法力尽失，灰飞烟灭。所以，暧昧对象压根儿就不是问题呀。

问题的关键永远在于你和你男友之间。

【关于三妻四妾容忍度测试的问答】

问：那有什么办法让男朋友不联系这种女人？

答：问题是这种女人总会找借口联系你男友吧，还是你男友主动联系她？这两种情况的性质可是不一样的。是偶尔的暧昧，还是打着幌子，比如亲妹妹什么的，经常联系？简单讲，做好自己该做的，不要总想着改变男友，先从改变自己做起。如果你自己做得都很好了，男友还是不停地搞暧昧，你应该去选择更适合你的好男人，不是吗？

问：现在也没有联系了（至少我没有看到什么了），我觉得我也够大方了。上次和我男友去喝凉茶，她和我打招呼，我也回应她，不过过后我就没理她了。你说我这样是大方还是傻？过后我也没有跟男朋友说什么。

答：你天生对三妻四妾容忍度高。你的底线就在那儿，等着他婚后来踩可怎么好。所以，下次一定给出个激烈的反应吧。为什么会有三妻四妾容忍度高的现象出现呢？想想，我们往上数几代甚至几十代的祖先都曾容忍过男人的三妻四妾行为呀，所以难保不遗传点儿到我们这里。该大方的时候大方，不该大方的时候坚守领土。

下次如果他因此说你不够大方，你就跟他说："有啥娘有啥娃。你也不想你以后的孩子是包子吧？有些事儿我能忍，但但凡可能让我孩子没爹的事儿，我寸土不让。"下次你见到她，不理就好。你男友为了避免尴尬，下次会尽量不让你们碰面的。

【实际案例】

男友在朋友圈给某白富美留言，说等她从国外回来的时候，自己会去接机。白富美回复说：看到时候的情况再说。

我心里很不舒服，想发脾气，但在群里和姐妹们先商量了一下应对策略。最后的话术是这样的：

我给男友留信息说："她们说，如果一个女人爱一个男人，就会对他充满了占有欲。的确如此。今天看了你的留言，要去接×××，我好难过，突然觉得没有了安全感……其实，我知道你就是人太好了，不会拒绝别人……但我真的不知道应该怎么办好了……再说，看你这样忙来忙去帮别人，说实话，我挺心疼的。"

他回："我知道你心疼我……"

我回："那你还去不去？"

他回："不去啦。你老大！"

我回："么么哒（加个爱心）。哥哥最疼我啦。"

总结：如果是以前，我可能又要吵了，现在跟男友妥善解决了，真的很开心。

见家长时，应该注意什么

如果以上的恋爱流程一切顺利，那么，相信不久你的帅哥就会带着你去见家长了。在见家长的时候，需要注意一些什么呢？

【问】我下午要去见男友的妈妈，带什么礼物比较好？

【答】水果。买贵点儿好点儿的，总价不超过二百块。

【问】有什么需要注意的地方呢？

【答】吃饭时，让长辈先吃，别先动筷子。和长辈聊天时，客气温和就好，不卑不亢。不用太主导话题。帮忙收筷子，但仅限于此，别抢着干活儿，嘴甜一点儿。和男友说好，你收筷子时，他必须拼命劝住你，家务做多不妥当，毕竟主客有别。

【问】婆婆比较在乎身高，而我又比较矮……我不知道要怎么办才能让家长满意。

【答】别老去想没办法改变的事情，做好本分。

【问】还有个问题，我和他们家很熟，只是第一次以这样的身份见家长，我觉得会有点儿尴尬。

【答】接受自己的尴尬情绪，这很正常。

越排斥越想控制自己不尴尬，问题越复杂。没事儿，你是人啊。

【问】要不要给家长夹菜呢?

【答】可考虑夹菜给男友。给长辈夹菜要看情况和气氛，记得用公筷。

【问】如果没公筷呢?

【答】先夹。自己筷子动过就别再动。不过也要看情况和氛围，不一定要给长辈夹菜。如果喝茶，倒是可以考虑给长辈倒茶。

【问】还要买什么礼物带过去吗?

【答】水果就是礼物。

【问】需不需要先和男朋友说好让他别太注重我？别帮我夹菜之类的。

【答】需要。

【问】让家人看到他欺负我不在乎我而我在乎他，这样更好是吗?

【答】虽然有一定道理，但不用太过刻意。去你家反着来，当着长辈的面让男友小欺负你一下容易讨老人欢心，千万别指使男友干活儿，这个还可以和男友演下双簧。

婚前如何谈婚房加名的事情

1．谈前大家开心吃饭。老丈人唱红脸，开心地一起喝酒，确保女婿情绪愉悦，略high(高)。（什么事儿都得确保情绪愉悦时再提啊！）然后喝茶，避开他人。丈母娘先开聊，然后提出给女儿一个保障。

2．然后说：“我们就这一个宝贝姑娘，我们家房子日后也终归是你们俩的。”如果女婿不要脸，提出要在这套房上加名，丈母娘必须马上冷脸，送客，补充一句：“我们老两口还都硬朗着呢。”一般女婿不会这样说。

3. 女方若是独生子女，父母的房产千万不要提前给自己加上名，不然婚房因限购可能会影响自己上名，而且女婿也有更多借口要求你也加他的名字。也许女生会想，即便是我父母的房子，我又是独生，岂不是早晚都归夫妻所有，早加晚加不是一样吗？真的不一样。加了算共有资产，不加算父母指定单方赠予，算女方个人资产。

4. 只要女婿口头允诺，就算成功了一半，差不离都可以顺利加名了。根据一般人的行为一致性原理，口头允诺基本都会被践行。人品有缺陷者除外。

5. 自己一方拿出房产证也堵住了对方所谓卖女儿的言论。

6. 最后语重心长讲大道理并送祝福，把对方往道德制高点上一推基本搞定。比如："我们做父母的，哪里有图子女钱财房产的道理，不过是希望你们夫妻和顺、婚姻稳固。等你做父亲了，也就明白我们的良苦用心啦。"

7. 如果女婿还是态度强硬，和丈母娘闹掰了，你又还是想嫁，可以出来打圆场："哎呀，我妈怎么能这样。"跺脚，"反正我这辈子跟定你了！"（悲伤状）这样就变成父母反对，你依然跟他，有效触发罗密欧朱丽叶效应了。

8. 接下来，过段时间找男友哭，说："我妈跟所有亲戚都讲了，说我找的老公特别疼我，我没过门儿就在房产证上给我加了名。你说老太太怎么那么虚荣呢？"

9. 答应加又反悔的，也用方案8。

10. 找闺密一起吃饭，闺密当着你的面夸他："好羡慕你哦。他一定很爱你，才这么主动加你名的。"你正色问道："是我妈跟你讲的？"

11. 如果对方没能力买房，也就算了。丈母娘和未婚妻应该都得明白：作，变不出银子。人靠谱，租房也可以的。

和房产加名不同，对于彩礼，女方可以自己要。这样说：“要结婚了，日后你工资卡给我，我自己赚的自己花，有盈余就都存起来。反正我也花不了多少，也就买点儿零食啥的吃吃。你家出多少彩礼啊？不出啊。那也好。那我日后从我自己赚的钱里面拿出一些孝敬我爸妈，你没意见吧？”

对方工资卡+个人收入的完全支配权得到了，彩礼多少也就无所谓了。备上三金，婚礼基本就可以办了。如果觉得人前没面子，这时候丈母娘就可以出来要彩礼了。

至于丈母娘要彩礼，可以直接问：“彩礼给多少啊？我们也会按照规矩按比例回礼。我和孩子他爸都有退休金，彩礼还不是存着给你们用？有彩礼，在亲戚面前终归体面一些。”

A good girl knows a man's manual

第二章
进阶篇

好姑娘的
爱情升级手册

好姑娘的
爱情升级手册

如何治愈玻璃心

经常有很多姐妹问我：“我已经知道自己有玻璃心和恶意推定的毛病，可是应该如何改变这样的坏习惯呢？”

明代著名思想家王阳明曾经说过“知行合一”，其中有一点就是说，如果你真的知道了，就一定能做得到。如果你做不到，其实就是你还没有真的知道。

简单来说，你没办法克服自己的玻璃心和恶意推定，其实不过是因为你并没有真的意识到玻璃心和恶意推定是坏习惯。

其实，凡事往坏处想，易受攻击而心情低落，是我们人类的天性。

一、绝境策略与plan B策略。

对于人类来说，求存比求真更为重要。在丛林法则中，遇到凶险的兆头，我们需要第一时间就做出恶意推定，发起进攻，才可能保住性命，即便这样做有可能误伤到友人。现代社会中，这种第一时间反击的行为，反倒会让我们自断退路，被动选择绝境策略。

比如，如下的两个案例：

1. 电影《独立日2》中，各国元首聚在一起，决策逼近地球的不明外星飞船，是应该被击落，还是被允许着陆。决策时间只有40秒，击落还是允许着陆呢？（背景是，20年前，外星生物入侵，地球差点儿毁于一旦。）

2. 一对美国夫妇手持猎枪打猎回来，发现1岁婴儿不见了，看家狗趴在地上，满嘴鲜血，愤怒的老公拿起猎枪，是开枪还是不开枪？

答案：1. 击落。虽然对方有50%的概率是敌人，但不击毙，敌人一旦攻击，地球就有可能彻底毁灭了。不击落就没plan B，是绝境策略。虽然片中对方确实是友军，但击落策略还是对的。

2. 不开。因为狗暂时不再有威胁。先了解情况，再杀不迟。不杀就有planB。果然，狗是为了救婴儿和蟒蛇搏斗受伤，婴儿无恙地躺在床下，蟒蛇尸体在屋外。

实际上，《独立日2》模拟的就是原始的丛林法则。而杀不杀狗的问题，则是在考察你的情绪自控能力。很多电视剧里面，愤怒的主公想要杀死大将军的时候，经常有人出来劝阻："了解清楚，再杀不迟。"这实际上就提醒我们，在遇到问题时，先思考一下，缓一步再做决策，是绝境策略，还是有回旋的余地的。

二、清晰、准确、细致的自我认知可以有效地降低不必要的反击和情绪上的失控。

既然我们都知道，在遇到事情的时候，应该先思考，如何才能选择到拥有plan B的方案，那么，在遇到其他人攻击的时候，我们又应该如何才能保持自己的情绪稳定，减少恶意推定呢？

其实，简单讲，清晰、准确、细致的自我认知是可以有效地降低不必要的反击和情绪上的失控的。

举例来说。

如果我们已经知道对方攻击我们这个缺点，它本身不是我们缺点的时候，我们同样不会因此而生气。比如，我知道自己的体重是九十斤。那如果其他人攻击我，说："你这个人怎么这么胖的时候。"我通常不会生气，反倒会哈哈大笑。再比如，我不高，其他人攻击我，说："哎呀，你很高嘛。"我也不会生气。

那又比方说，对方攻击我的缺点，那它又确实是我的缺点，但这个缺点已经成为了一个我自己没有办法改变的事实，它已经被我接纳的时候，我通常也不会生气。比如说，我本身不高。然后，其他人攻击说："你怎么这么矮？"我也可以心平气和地接纳，因为这个缺点已经是我改变不了的事实了。而且，通常对这个缺点，我已经有了一个全新的认识。比如，个子不高，但其实这样会显得比较小巧。既然这个缺点已经被我接纳了，便不会引起我的情绪波动。

基于这两种情况，即便对方向我们发起了攻击，我们也是可以接受的。

而只有当我们的自我认知不够明确的时候，别人的攻击才会引起我们情绪上的波动。又或者，当我们身上有些缺点没有被自己真正接纳的时候，才会因别人的攻击而勃然大怒。

就好像战国时期，楚怀王新宠的妃子魏美人让他的宠妃郑袖颇为看不惯。于是，郑袖私下里告诉魏美人楚怀王不喜欢她的鼻子，尔后魏美人见到楚怀王都要掩着鼻子。楚怀王询问郑袖，魏美人为何见到自己就掩着鼻子。郑袖说魏美人是讨厌楚怀王身上的气味。楚怀王大怒，命人割掉魏美人的鼻子，郑袖于是得到楚怀王专宠。

其实，我们想想也就知道，楚怀王自己确实身有异味。但正所谓人无完人，既然有些缺点没办法改变，不如坦然面对。如果我是楚怀王，大概会自我解嘲道："这人呀，一辈子就不能太完美。"

而历史上，那个暴躁的怀王自己就是一个大写的"玻璃心"。冲动之下，不知道先调查就直接去割别人的鼻子，即便事后知道真相，也没了退路，就这样断了自己的plan B。

我们的玻璃心，和自己的缺点有关。

其实，情绪不稳定是和我们的缺点有关联的。

以我自己为例。

虽然现在我这个毛病已经好很多了，但我仍然保有着不太严重的玻璃心，还有一点儿圣母病，特别喜欢做老好人。

除此之外，我还觉得，自己最大的缺点是有着比较严重的优越感，特别喜欢鄙视人。

其实，我们要学会接纳这些缺点，从这些缺点中看到缺点本身蕴含的优势在哪里。比如我们会发现，玻璃心和老好人，通常和善解人意是一组的，它们总是相伴相生而出现。

至于优越感，通常也和自信相关。

当你发现你身上的缺点蕴含着正能量的时候，你相对就更容易接纳这些缺点。你的自我认知也会变得更加清晰。

我反观了一下我自己，我情绪波动的情况都跟自己的缺点相关联。

我刚学会开车那年，车技非常差。有一次回学校办事，从食堂往行政楼开的路上，发现路被铁柱挡住了。我们学校的那种铁柱是可以固定在地上，也可以人为挪走的。一到中午，保安就会把通往食堂的路用铁柱挡住。我去食堂的时候，还没有到饭点儿，回来的时候，正好赶上饭点儿，就回不来了。那天又正巧赶上下雨，铁柱的移动很不方便。我就降下车窗，跟保安说："这样，你帮我看一下，我估计两个柱子间的距离能过一辆车。我看左边，你帮我看右边。"我心下是想，这样就省得保安费力搬动铁柱了。他帮我看右边，我就把注意力全集中在左边。可是，你猜怎么了？

没错。保安帮我看的右侧突然生猛地撞到了柱子上，整个右侧门板全部被剐花。

这时，雨开始越下越大。

没办法，我只得在暴雨中把车停到路边，联系保险公司。保安脸上非但没有愧疚之色，反倒显露出一丝哂笑。

通过保安的那件事儿，我想明白了一个道理：我的行为看似无偏差，但其实已经越界。保安指挥校内交通，移动铁柱，都在他的职责范围之内，而我越权干涉他的职责，就要承担越界的责任。

学会让他人自负其责，其实也是门蛮大的功课。

另一个发生在我身上的案例。

前一天去买早餐的时候，我已经看到早餐营业员希望顾客尽可能地提供自己准备好的零钱给她，实际上我也把这件事儿记在了心上。

第二天买早餐的时候，看到很多人在那儿排队，所以我就特意提前准备了十块钱。我记得当时是一张五块、一张两块、三张一块。另一只手准备了一张十块。我问她需要哪种，这样的话，我买东西的时候不会耽误营业员过多的时间，也不会影响后面排队的人。但是，对方的反应让我觉得特别不开心。对方当时脸色就不太好看了，语气也不太好。她说："啊？零钱啊？好吧，那就零钱吧。"

我的本意是想通过自己的前期准备给双方带来一些方便，但对方的态度不好，所以我当然就不开心了。

我回家自己思考了一下，我觉得，是因为我试图在给对方提供方便，期待可以获得一种相对友善的人际关系构建，但对方似乎在跟我抢占道德高地。她似乎在用她的语言和行动表示"是她帮助了我"。我支付了时间，支付了友善，还被对方抢占了道德的高地，我心里会觉得，对方想要拿走双份的利益，所以我就会不开心。

其实，这两件事看起来略有差别，但本质上并无二致。

我回头又认真反思了这两件事儿，之所以让我变得不开心，其实我自己也有错在先。我的错，正在于自己时不时显露出来的优越感。我想做好人，我想表现得善解人意，但对方同样可以不接纳我这样的好意，把我的行为解读为我在展示我的优越感。

我清楚地明白，优越感确实是我天性中包含的缺点。

当我意识到，也接纳和认可了这些本身蕴含着无限正能量的缺点后，相对于其他人，我的优越感的外在表现形式会变得越来越平和。

而我的情绪也变得越来越稳定了。

我觉得，当我们遇到一件事情的时候，要学会一分为二地去看待。

不仅仅看到了对方身上的缺点，也要看到自己身上的缺点。

所有的问题都是双方的问题，都不是某一方的问题。

当你发现自身的那部分问题后，这个问题的全部缺口才能够及时得到补齐，不仅会让你变得越来越懂得体谅他人，心态越来越平和，也可以在这些烦心的事情发生之后，学习修正自己为人处世上的尺度。

简单讲，这并不是对方一个人的错，大家其实都一样，没有人是完人。既然如此，何不学着去接纳。

再仔细想想，想做到毫无优越感，是一件不太现实的事。

但我至少可以做到在外人面前加以适当地修饰，稍稍隐藏起自己的这种优越感，让优越感不再成为攻击他人的武器，不让其他人因此感到不悦。

其实，不管是高情商还是情绪稳定，都是你在给其他人提供利益。简单讲，就是你付出更多。

黄金荣舍粥，要派人去抓后面重复排队的，给了人家一份现实利益，却要夺走一份情绪价值。杜月笙给章太炎钱，却生怕对方尴尬，偷偷把银票压在对方的茶碗下，给了对方一份现实利益，再多一份尊重——一份情绪价值。所以有人评价杜月笙："春申门下三千客，小杜城南五尺天。"要知道，高情商里最重要的一点就是让人舒服。往深了说，就是你这个人愿意给别人更多。给了一份现实价值，再给一份情绪价值，不要太计较，不要觉得这样的体谅是亏了，不要觉得心累，这样别人自然而然就觉得舒服。久而久之，人心所向，广获尊重，也会以受人尊重的标准去要求自己，渐渐地，情商会变得越来越高。

那聊到这里，肯定就会有人说："为什么我要这么做？为什么我要让其他人开心？凭什么我要让其他人舒服？其他人也并没有让我舒服啊。"特别是情绪比较容易失控的人，就会觉得："凭什么需要让自己不爽去取悦他人呢？"

我个人觉得，之所以体谅他人，正是因为从本质上说，这样可以获得更多利益。

利益分短期利益和长期利益，也分局部利益和大局利益。

只有少部分人可以将眼下的行为跟长期利益、整体利益挂钩。而有些人，则永远找不到眼前行为与整体利益和长期利益的关联。

举个例子，相对来说传统一些的作家在漫长的创作过程中，得不到任何的回馈和反应。没有人能保证，他们现在做的事，能给他们带来远期的收益。但是，只有真正看到眼前行为和长期利益关联的人，才能成为真正的作家。

又或者，在日常生活中，我们所积累或者付出的东西，可以给我们带来一些迟到的奖励和延迟后的满足感。

通常，具备这种延迟满足能力的人往往可以获得更多。

关于长期行为和眼前利益之间的关系，这个观点在一期《罗辑思维》里也有所提及："整个高考前的所有学习，对你来说都是一种苦役。如果，你没办法看到这些付出和最后的结果之间有什么关系的话，你可能就会很容易放弃。而实际上，在你人生后半程你会发现，你当初所有的付出都是值得的。"

所以，所谓的成功学，不过是"付出学"。

一点儿不公平都没有。

而克制自己的缺点，做到"外化而内不化"，逐渐提高自己的品性，长此以往，总归是一件值得的事情。

P. S.（附笔）：面试时，会有很多HR（人力资源）提出类似的问题："你能不能说一下自己有哪些缺点？"

我觉得，这是个非常好的面试题目。

因为对自我认知清晰的人，相对来说情绪就更加稳定，内在的自尊感会比较强。而这样的人，也因为情绪稳定，可以更好地和其他人合作，不会轻易被其他人攻击。

如何做好人生选择题

有一次和一个女生聊天，她问了我一个棘手的问题。

她问我，27岁的自己应该去非洲做外交官，还是辞职和男朋友在老家开游泳馆?

人生，总是有这样那样的选择题。这让我突然想起了1999年。

那年，我19岁，正在填报高考志愿。当年我们是预估成绩，然后再填报志愿。乌龙体质的我，把政治卷子上第一道送分简答题漏答了，预估的成绩不上不下的，如果运气好，能进得了复旦的中文系，运气不好，东师的中文基地班也是没问题的。爸妈自然是希望女孩子家，大学学校离家近点儿，日后工作稳妥一点儿，一生平顺一点儿，于是大力推荐我去东师。

那是个还不太会做个人自主选择的年龄吧，班主任也说东师的基地班有本硕连读，而且师范类属于提前批次。如果填报东师，那么还有第一志愿中央民族大学、吉林大学、大连外国语大学等学校可供选择。如果直接报复旦，那么就只有第二志愿学校比如大连民族大学、沈阳师范学院可供选择了。

我向来没什么太大的野心，人生也一直平顺，不知日后人生会有何惊涛骇浪，三线城市的车马流年，一日一日地混过，像太阳底下打着盹的猫咪一样，渴望着退休后的闲适模样。就这么着吧，东师就东师。至少师大是一个有plan B的选项呀。

成绩下来，正好比复旦中文系的录取分数线高出几分，心里不能说没有失落，但很快也被打包行囊、奔向新生活的新鲜感给冲淡了。

再后来，我在几乎所有的人生大事上，都自备了plan B。推荐保研后，我顺手抓了一个电视台兼职的工作；毕业去国际学校，顺手考了个韩语的等级证书方便跳槽；只身奔赴广州时，手里已经拿着入韩的邀请函；和私立大学解约前已经谈妥了公立大学的offer（邀请）……在命运每次和自己说show hand（押）的时候，不论输赢，都能再从桌底下翻出新的筹码，大喊一声：“ok，再来一轮。”

说到底，那是因为我有plan B。

2013年，跟着风潮去看《小时代》，里面林萧跑断腿去催周崇光写杂志篇首，眼看赶不上杂志打版，急匆匆跑到总编办公室时，宫洺淡然地拿出早就写好的一份备用稿——那是他的

plan B。

后来，林萧把毕业服装秀安排在了外滩，结果当晚突降大雪，凌晨被电话吵醒的她，赶到现场发现一片狼藉。

主编助理Kitty几近崩溃地咆哮。

当所有人都以为搞砸了一切时，《M.E》杂志总编宫洺再次淡然地拿出他的plan B——他的备选地址在上海1933老场坊，灯光、音响、服装、演员……全部已经准备到位。

这让我想起了《霸王别姬》里面的项羽。文艺女青年李清照还曾经写过“至今思项羽，不肯过江东”这样美好的诗句来赞美他。那破釜沉舟的典故，说的也正是他。破釜沉舟，就是断了士兵们的退路，最大限度地激发他们求生的欲望，即使鱼死网破也要博得个胜利。

项羽确是决绝的。贵族出身，美好肉身，连不留退路的作风，也让不少人效仿。可城破那日，虞姬饮剑，乌骓投江。很难想象，一个身负重责的人，做事风格一直都是自断退路。这样的人，往往连身边最亲近的人都无法庇护，还称得上什么大英雄。

利益从来都是责任的孳息。而身负重责的人，永远不能只有一套方案。“小处不渗漏，暗处不欺隐，末路不怠慌，才是真英雄。”

2014年，家里的做饭阿姨辞职回老家创业去了。其实，这是她第三次创业。第一次，夫妻二人在三峡水电站旁边开小卖店，后来大坝修好了，工人回城了，生意自然就做不下去了。第二次创业，夫妻俩拿着开小卖店赚的钱，买了整车的五金，拿货回家在高速公路上就被人整车调了包。分头进城打工几年，攒了点儿钱，阿姨跟我说，打算用几万块钱打点一下关系，和老公回老家包个学校的装修工程。工程很大，利润很高。

我提醒她，小心中间人，自己多留些心眼儿，特别是老公在城里的工作不急着辞，关系理顺再行动不迟。言下之意，让她先给自己留好退路，不要贸然行动。可阿姨跟我说："做生意就是要有股破釜沉舟的勇气，顾不得那么多，前怕狼后怕虎的，能成什么大事。"

我不敢说阿姨的第三次创业是否会成功，因为毕竟凭着运气，也有人能追求到利益的最大化。而永远小心翼翼自备plan B的人，却也从来不眼红别人博来的丰厚回报。

见过贼吃肉，也想得到贼挨的打。

2015年，我和闺密在电影院里看《备胎攻略》，一年后，写了篇备胎转正的推送，下面好多评论在说，女主靠的全是运气。

可电影《五十度灰》里，格雷面对类似的说法，不以为然地轻轻一笑，说道："我总是发现，我越努力工作，我越幸运。"

没错。《备胎攻略》把一个小广告片导演助理的娱乐圈上位史写得入木三分，详细到就差没手把手教了。

我们再仔细看一次这部片子，它讲的是一个工作七年的导演助理，在北京一直混得不好，逮到一个机会，睡了一个大明星，结果被大明星甩了，连工作也丢了。接下来，她找到了一个机会重新接近了这个大明星——余飞，又重新勾搭上了这个大明星，并对他说："因为你，我的工作丢了。"毕竟是一夜情，然后又因为自己，一个小女生的工作丢了，一个正常的男人，但凡有点儿恻隐之心，就都会去顺嘴跟她的领导说一声，说“您再给她一个机会呀”之类的话。

果真，余飞就帮小助理安排了一个工作，让她重回原来的单位，还跟她合作拍了一部“金剑南”的广告片——冯小刚导演曾经拍的一个系列广告。

以前，这个小助理是一辈子都没机会混出头了，此后因为余飞跟公司大领导说的一句话：“这个片子呀，你一定要让你的小助理来做导演哦。”她就成了广告片导演。这对女主来说，其实就是一次向上攀爬的机会呀。

难怪电影里，余飞的助理会苦口婆心地和余飞说：“睡回笼觉这么单纯的事情，如果和工作扯上关系，一下子就变得肮脏了。”

编剧实在是业界良心呀，他把整个剧的重点已经明明白白地说出来了——把私人感情和工作联系在一起，就变成一个交易了——这么明显的提示，请务必仔细睁大眼睛看清楚哦。

好咯，我们再来看，这个工作了七年的小助理，就算她是大专毕业，也已经二十九岁了。如果是本科毕业，已经三十岁了哦。虽然演员郭采洁一张傻白甜的脸，可你真的相信三十岁的小助理是傻白甜吗？

接下来，电影继续讲女主如何和余飞勾搭，如何吊打余飞。其中，有一个细节：在金剑南的发布会上，女主穿着丁字裤，一个不小心坐到了余飞的身上。试问一个单身的女生，为什么要没事有事穿什么丁字裤？连余飞都已经心领神会，可是，大家居然都没看出来。这个细节根本就是已经设计好了的——是她穿了丁字裤，而且故意坐在余飞的身上的。

结果呢？余飞勾搭她的时候，她就又继续吊打余飞，在电梯里，给余飞一顿胖揍。说白了，这就是赤裸裸的勾引，就是要启动余飞的小马达，又不满足他，就是让余飞不断地支付沉没成本……

可是，只有余飞这么一个备选，对小助理来说是安全的吗？当然不是。小助理也明白，她一定要有一个plan B才更安全。于是，女主又借着余飞的关系搭上了名气更高的李相赫。请务必注意，女主和李相赫拍的京东商城的广告，也是有余飞出镜的。这难道是巧合？

其实余飞心里也明白，这个时候，如果他不去追小助理，那小助理就会继续去睡比他更大牌的李相赫。如此，小助理又能换得什么样的资源，那就又不一定了。

也就是说，这步棋走到这儿，这个小助理不管是继续去睡余飞，还是继续去睡李相赫，对她来说，都是很好的选择。

这就是小助理的升级过程。

嗯，讲了这么多，不如让我们一起重温一遍小助理的无辜脸。

这明明就是心机女的娱乐圈上位史好吗？而绝对不是傻白甜撞上了好运气。

你以为是她抓住了机会，却看不清她早已铺就了通路，在沉默中蓄势，挽起袖管，创造出了更多的选项……

这也告诉我们，当你想拥有A选项时，你必须有拥有同等量级的B选项的能力，这样，你才有资格拥有A选项。

聊了这么多，我们不如一起来看看文章开头的那道选择题。

27岁的女孩应该去非洲做外交官，还是辞职和男朋友在老家开游泳馆？

1．如果我们选了去非洲做外交官，那么如果事业不顺，到了非洲，还能不能把回老家开游泳馆作为B选项？

2．如果回老家开游泳馆不顺利，那去非洲做外交官肯定已经不能再作为B选项了，对吗？

3．如果去了非洲，发现做外交官不适合自己，那是不是还能借着工作机会扩大人脉，开拓眼界，让男朋友一起来非洲做生意呢？一个新的plan B。

4．破釜沉舟地选择辞职回老家开游泳馆，因为恐惧自己年纪渐长，担心找不到男朋友。可是，如果牺牲了这么多，回了老家，又和男朋友分手了呢？那新的plan B又在哪里？

5．是不是留在老家开游泳馆，就一定没有新的plan B？

不。我们不能只守住眼前的现成的plan B，却忘记了，也许未来我们还有创造更多选项的可能。

说到底，你就是你自己的plan B。

P．S．：

问：那么，你觉得当年报考东师，是一个好的决定咯？

答：不是。

问：可是，那是一个有plan B的决策呀。

答：不是。

那时的我，只看到提前批次后面排着的其他选项，却忘记了，即便报考复旦失利，去了第二志愿的学校，仍不会因此失去创造第二选项的能力呀。

说到底，你就是你自己的plan B。

P. S.：

问：是不是谈恋爱，要至少养一个备胎，做自己的plan B呢？

答：呃，有精力养备胎，不如努力提升自己。更美好的你，随时可以遇到更好的伴侣。囤的货，经常会过期。

附录1

A good girl knows a man's manual

菲比福恋爱话术全收藏

要礼物的话术：

相对于吝啬的男生，愿意投资女生的男生，更乐意承担亲职投资的责任。在女性怀孕以及哺乳期，可以给予她和宝宝更好的照顾，这样的人相对来说更乐意主动承担风险，不易于将风险转嫁给女性，是有责任心的表现之一。那么，如何才能让男生投资自己呢？恋爱的时候，让他送你一些小礼物，是一个检验他是否吝啬的好办法。

女生：老公，七夕我想要一份爱的纪念，象征着我们爱情的那种。

女生：我们交往这么久，你都没送过一件像样的礼物。我想要一个……

男生：买。

男生：为什么不开心呀?

女生：可怜的宝宝没有新衣服。

男生：为什么不开心呀?

女生：因为老公答应给买项链却没有买。

女生：出差记得照顾好自己。

男生：好的。

女生：不许和外面的妖艳贱货勾勾搭搭。男生：好的。女生：包包里记得多带两件衣服。男生：好的。女生：记得多替我吃点儿好吃的。男生：好的。女生：感冒药和蚊怕水也要带好哦。男生：好哒。还有什么要交代的吗？女生：别忘了，记得给我带份礼物。我要……

男生：好的。

女生：你最近好忙，都没时间陪我……

男生：……

女生：不如你送我一条小狗陪我吧。

男生：我再不犯忘记你生日这样低级的错误了，好不好嘛?

女生：你补送我两件生日礼物，我才肯原谅你。

女生：本宝宝生日倒计时8天。

本宝宝生日倒计时7天。

本宝宝生日倒计时6天。

……

男生：这个月工资花得好快，钱有点儿紧哦。

女生：既然如此，不如把工资卡交给我，我帮你做好理财吧。

男生：好吧。

女生：那月底有盈余，记得给我买礼物鼓励一下哦。

吵架时的话术：

“分就分，房子分给你，车子分给你，我也分给你。”

“离就离，房子离给你，车子离给你，我也离给你。”

“我也不是非想证明你是错的，就是想重温一下我们刚认识的时候，你凡事不管对错都让着我的那种感觉。”

传递坏消息时的话术：

我知道得到这个消息后，你最大的情绪反应会是伤心（或愤怒、失望、难过），【共情】但我仍然不得不告诉你事实，【讨论事实而非情绪】而且，我想说的是，这样的结果并不涉及我对你的客观评判【避免对方自我评价受损后出现自卫性反击激化矛盾】。

被异性问到隐私问题时的应对话术：

问：你嘴严吗?

答：嘴严。

回：好巧，我也嘴严。

男朋友因为一些小事生气说我不信任他时的应对话术：

答：我想信任你，但又担心你觉得我是一个随便什么人都会相信的人。（抬头，慢慢地，温柔地，看着他）而我一辈子只想信任你一个人。

老公沉溺于游戏时的应对话术：

比如家里要添置啥东西，我就说："老公，你看家里全是你的功劳，沙发是你的功劳，××也是你的功劳，整个家里都是你的功劳哦！"再扮个星星眼，搞定！

我老公立马说："唔，那我要好好工作赚钱去！"之前他有段时间失业，天天在家玩游戏，这几天屁颠屁颠面试去了。要让他觉得他为家里的付出有多值得，让他成为英雄了，问题就解决了。

女汉子化身温柔小女人后俘获人心的话术：

你看到的才是真实的我。

是你让我慢慢变温柔的。

没有我真正爱的人让我依靠，我只能假装坚强，其实心里很委屈。

是你的魅力融化了我，让我从老虎变成了小猫咪。

被高价值对象追求时的话术：

你很优秀，我担心自己不是足够地好（优秀）。我是个感性的人，一旦喜欢上就不会轻易放弃，我也许应该理性一些，让喜欢的东西尽量少占据我的心。

撒娇的话术：

男生：照顾好自己。

女生：偏不。我生来就应该被人照顾。

后撤降低需求感后男生反扑时的应对话术：

女生：何必在乎我呢？我只是想一个人静静。

男生：我当然在乎你。/我陪你。

男生三妻四妾测试时应对的话术：

男生：男生其实都很花的（坏的）。/包养小三什么的也都很正常的。

女生：你的圈子好复杂啊！（用教导主任般的眼神望着他）我身边的女孩子都挺乖的。

男生玩暧昧时的应对话术：

男生：你这样我会很心疼的。

女生：你是我什么人啊，你心疼我？

优雅分手时的话术：

感谢你用生命中最宝贵的X年时光陪伴我。

做不了最后陪伴你一生的女人，但希望成为你最难忘的那一个。

这些年我其实一直都当你是我的老公。

我想我再也没有勇气，再也不会任性地，像爱你一样去爱别人。

男友不够自信时的应对话术：

男生：我没有车，没有房……

女生：但是，你有我呀。

男生：对，你是无价之宝。

男友打牌去了的时候使用的话术：

女生：亲爱的开心大过我开心。但我又贪心地希望我大过麻将。

男生：么么哒，××大过麻将，大过……大过……大过……

（记得截屏保存哦。）

男友找工作咨询自己建议时使用的话术：

你做什么决定我都支持你。我很理解你的浪漫，以及为我做的努力，但我希望你也能为自己多考虑一些。相信你完全可以做出最好的决定。

（解释：让对方占了道德高地——谢谢你的浪漫以及为我做的努力，又让对方获得了实际利益——为自己考虑，对方会很开心。）

婚房加名时使用的话术：

男：你到底是爱我还是爱房？

女：都爱呀。我爱你的一切，你的富有你的贫穷，你的优点你的缺点，你的过去你的未来……而我也将成为你的一部分。

“想我了没”的应对话术：

刚刚在吃你上次送的巧克力，突然就想起了你。

被男友开玩笑时的应对话术；

男生：你什么时候做饭给我吃呀?

女生：我超级讨厌你啦！你做给我吃呀。什么时候呀？就这样说好了啊。

男生：我呀，很受欢迎的。

女生：我吃醋啦。

调皮情话：

女生：老公，我是不是有时候挺丑，有时候还蛮漂亮的?

男生：确实是。/一直都漂亮啊。/一直都挺丑。

女生：嗯。我呀，主要是心灵美。

（凝视对方五秒）

不像你，就只是长得帅而已。

女生：这个老公，我给九分。

男生：啊?

女生：对呀，九分制。

附录 2

A good girl knows a man's manual

旺桃花的眼神训练课

在恋爱中，有魅力的眼神，是斩男必备之利器。而最具有魅力的眼神，通常具备了以下的一些特征：

1. 稳定；2. 灵动；3. 迷人；4. 清澈。

眼神的运用，真的可以帮助我们，让我们的桃花变旺吗？

以下是我身边的一些姐妹体验过后的感受分享。

我试了试。一次问路，去问一个小保安。在我前面有一个女人向他问路，他很不耐烦。接下来是我。我平时问路都不看人眼睛的。这次想起了眼神训练课程。我温柔地盯着他的两只眼睛中间靠后的位置，默数5秒不眨眼，在心里对自己说：“温柔。”然后，他就开始不好意思了，笑了一下，然后很认真地帮我指路，还不放心，一直把我带到路口。

我以前从来都不敢看病加塞儿。这次，因为赶时间，需要加个塞儿。还没到我的时候，我就开始眼巴巴地从门缝往里望。前面的病人一离开，我就冲了进去。医生超级帅，我先温柔地看他的眼睛，不要眨眼，坚持5秒。然后，他就直接拿过了我的病历，后面两个女生想进来，我说：“我就说两句。”医生还帮我把她们往外推，原本我真的只想简单咨询两句，但医生还是很细心地帮我把问题全部都讲清楚了，还问我有没有什么其他要问的，临走还给了我一张他的名片。

我也发现眼神训练课是蛮有用的。我一般会在暧昧期，用来加速对方表白时用。但要注意，不能在过于私密的场所使用，不然很容易被强吻，我不想那么快就亲吻。比如，吃饭的时候，或者坐在出租车后座快下车前，都可以考虑使用。我发现，约会后即将离别的时候用最合适。因为这样，你的形象就能一直留在对方脑海中，霸占他大脑整整一个晚上啦。我的方法是，面对着他，5秒不眨眼，然后把眼睛弯下来，很弯很弯，然后一个飞快的微笑，再害羞地低头。

我的一个好姐妹是学筱派，“巧笑倩兮，美目盼兮”，眼波流转，别说男人把持不住，连女人都会被深深吸引呀。

我和闺密组织一群人去KTV，借着真心话大冒险的名义，和帅哥对望，这其实是一个最好的电到他的机会。这样就把种子种进他心里了，之后只等着种子慢慢发芽就好了。

想收编男闺密，就借着练习电眼的名义，来那么一次深情对望。接下来，你懂的……

再有就是一起看电影的时候，偶尔的一个秋波暗送，效果是非常赞的。

看来，最合宜、副作用也最小的诱惑术，我们的确应该从眼神开始训练起来。

有魅力的眼神一定是稳定的。

在这节课前，我先来讲一个关于自己的故事。

记得当年刚进电视台，普通话不标准，出镜的时候总会被摄像笑话，搞得自己很没自信。

有学播音主持的同事对我说，如果话说得不溜，就练练绕口令吧。

我说，我平卷舌不分，是不是要练习“四是四，十是十……”

她说，你还是先从“八百标兵奔北坡”练起吧。练完再在每个字后面加“了”字，“八了百了标了兵了奔了北了坡”。

我说：“我爆破音发得很不错，不用练了吧。”

她说，练习爆破音并不是在练习这个音本身，而是在练习你舌头和嘴唇的控制力。当你的口唇力度达到一定的程度，你会发现你已经能够很好地控制你的发音，而当你可以控制自己的发音，你会获得一种说话方面的自由，当你自由了，也就自信了。

力度-控制-自由-自信。

其实很多事情是共通的。这就好比学武之人要先练习扎马步，而不能直接进入武功套路的学习，否则是很难成为武学大家甚至有走火入魔的可能的。在时隔六年后，再次讲到眼神训练技巧时，我觉得这一路径同样是行得通的。眼神的稳定性训练，就好比练习口唇力度，就好比练习扎马步，道理是相通的。

1. 眼神的稳定术

很多西方恋爱教程中，教女生如何用眼睛勾人，舔嘴巴，伸舌头，撩头发，这些调情的动作只能吸引来短择。短择眼神的训练不需要时间，不需要磨炼，只需要一些基本的技巧，如眯上眼睛，挑动眉毛。而其实具有诱惑力的眼神，基础是稳定。

我们可以尝试着，在日常生活中，观察一下他人的眼神。我们会发现，大眼睛美女的眼皮眨动速度相对来说更慢，眨动频率相对来说更低。事实上，这证明了很多电眼美女天生对眼皮的控制能力更强。

此外，我们还可以去观察一下3岁以下小朋友的眼神，会发现人在小的时候眼皮眨动的速度相对来说较慢。越是像幼儿的眼神，越会给人无害、单纯、清澈的感觉。就好像梦露一样，她那眨动缓慢的眼皮，让她集合了成熟女性的性感与婴儿的无辜感。这才是真正吸引人的。但如果我们在地铁里或者是公交车上有意识地观察普通人的眼神，我们会发现很多人的眼皮眨动速度是极快的。电眼的眼皮眨动，如鸿毛轻抚；而无魅力眼睛的眼皮眨动，则如不断挥舞着的雨刷器。眼睛好比心灵的窗户，试想一下，如果你在驾驶一辆汽车，前挡风玻璃上的雨刷器不断挥舞，是不是会让你觉得心烦意乱？不断眨动的眼皮和不断挥舞的雨刷器是极其相似的。

此外，一个人对自己眼皮的控制能力的强弱也展现了他的精神面貌和总体的自控能力。自控力越强，这个人就会显得越自信。当你可以很好地控制自己的情绪、自己的思想、自己的动作、自己的眼皮眨动时，你也就可以更好地控制你的人生。一个连自己都没有办法控制好的人是很难去控制他人、影响他人、改变他人的。

我们都知道，天安门国旗护卫队和国庆检阅部队中的军官，他们的眼神都是极其稳定的，而且目光炯炯，非常吸引人。他们的眼皮一定不是频繁眨动的。那么，这些军人的眼神是如何训练的呢?

其实有一个非常简单的方法，就是一直盯着冉冉升起的太阳,。当然，这种训练方法不推荐给大家。这里推荐给大家的是另外一种更加切实可行的方法，不仅简单，而且在两天时间内你就可以看到训练的成果。

这个方法是这样子的。

现在睁开你的眼睛，然后尽量避免眨眼，在心中默数秒数，直到眼睛酸痛眼泪流下来，这是一次训练，记下你能坚持的时间。

接下来重复这个训练，尽可能地做到第二次的睁眼时间长于第一次。

如此反复持续十分钟，十分钟为一组，一天做三组。

第二天继续做三组。

在第二天，做完当天的第三组练习，也就是总共做完六组练习后，你会发现，你的双眼可以睁开的持续时间远远大于你首次进行训练时的时间。

简单来讲，这是训练你眼皮周围微小肌肉控制力的一种方法。当这些微小肌肉的控制能力得到提升时，你就可以自主地去选择睁眼、闭眼或是眨眼了。

如果你的不眨眼已经练习了一段时间，那教给大家不眨眼的升级训练法。当你的眼睛很累很累想要眨眼的时候，尽量慢速地眨，分四步：1. 平视；2. 俯视；3. 闭上；4. 再睁开。想象自己的眼皮好像蝴蝶的翅膀，缓慢地开合。

炯炯有神的双眼，意味着眼睛里要有神明居住。

那什么样的眼睛里才有神明居住呢?

笃定、清澈、自控力强……心中有神明，眼中才有神明。

（本期关于“眼神训练”的内容及配套视频，可以在微信公众平台菲比福上回复关键词“眼神”获得。）

2. 眼神的灵动术

聚焦

在练习完不眨眼后，你的眼部小肌肉应该得到了很好的锻炼。为了巩固稳定能力，接下来，你可以适度去训练聚焦能力。

六小龄童在演《西游记》的时候，他本人是有800度近视的。为了练就炯炯有神的双眼，他在一个小黑屋子里点一根香，盯着香头上的红点看。

经过一段时间的训练，眼神的聚焦能力得到了加强。

你也可以学习一下这个方法，这样能让你的眼神看起来不再飘忽。

运目

有魅力的眼神是有灵气的。据说，梅兰芳小的时候，其实眼睛条件并不是很好。为了练就灵动的双眼，他便养鸽子，看鸽子在空中飞翔的姿态，眼神追逐着鸽子。运目的过程，能让眼部肌肉得到训练，血液得到很好的循环，可以预防黑眼圈，让你的眼白不再那么充血，黑眼仁黑，白眼仁白，这样才灵动清秀。

这样，眼球的移动能力就会加强，到后来，他的眼睛看起来也越来越迷人了。

除了练习看鸽子，大家也可以试着学习一下印度舞的眼神运用法。

3. 挑眉

在讲眼睛的技巧前，我先讲眉毛，因为眼睛的技巧和眉毛的技巧息息相关。很多技巧性动作，光靠眼部小肌肉是无法完成的，还要依靠眉部小肌肉。

挑眉的效果，是会让男人产生一种或是想打，或是想逃的欲望，而这两种欲望交织在一起，男人就会莫名其妙地怦然心动。男人可真是一种好斗的动物。当他觉得你是他的对手的时候，他才会对你产生无限的渴望，肾上腺素才会飙升。

具体的训练方法就是用一张白纸挡住你的眼睛，然后对着镜子，向上耸动你的眉毛。当练习足够后，你可以尝试只耸动一侧的眉毛。当你的眉毛小肌肉得到锻炼后，你的挑眉动作就会灵巧迅速幅度小。这样运用起来就可爱不做作了。

4. 单眼闭

当你的面部保持平静时，可尝试单侧闭眼，面部肌肉完全不牵动，只动眼皮即可闭眼为佳，分左右分别测试，两侧都保持一致牵动自如，主贵，清贵。

而实际上，我们是能够通过训练掌握单眼闭合的技巧的。方法有以下两种：

把两只眼都使劲闭上，要会出皱纹的那一种，再把一只眼放松，直至睁开，然后把另一只眼慢慢放松，但不要睁开。这个环节要慢慢练哦！

两只眼同时用力睁大，然后同时往一边看，比方说右边，然后闭上右眼。反过来也行。都说男人练肌肉，女人练眼神。学表演的妹子各个都会这个招数。不信，留心观察一下各大化妆品的广告，一定能找到很多单眼闭合的例子。

单眼闭最经典的片段大概就是《大话西游》里紫霞仙子对至尊宝致命的那一击吧。

（大家可以在公众平台回复“眼神”，获得这个小片段。）

能最有效地激发男性冲动的眼神技巧，其实还是蛮简单的。

一个就是眼神的慢速移动，一个就是瞳孔的放大技巧。

我想是这样的，眼神的移动速度和这个人的心率速度相关。一个人越年轻，他的心率越慢。我们都知道，男性在挑选伴侣的时候，会优先挑选年轻的配偶。如果你的眼神移动速度较慢，就能外在显示你的心率速度较慢，人比较年轻，状态稳定。

我们观察小宝宝就会发现，小宝宝的眼球移动速度慢，眨眼也很慢。

另外，慢速移动的眼球，可以看到人的心里去，让人的心里略微紧张和发毛。

我们都知道男性是以狩猎为主的，女性主要是以养殖为主的。当男性看到野兽时，野兽瞪着男性时，当他们彼此对望的时候，他们的眼球即便都是不移动的，瞳孔却是放大的，几乎就是彼此盯着对方的一种状态。

同样地，放大瞳孔，或者慢速移动眼球盯着男生看，会让男生产生一种或打或逃的冲动。

“或打或逃”的冲动和男生坠入爱河中的那种状态是非常相似的。

在这样的状态下，男生会非常容易误以为自己喜欢上了你。

比如，电影《七年之痒》中的玛丽莲·梦露。大家都知道玛丽莲·梦露是非常迷人的性感尤物，大家可以有意识地去看玛丽莲·梦露的眼球移动速度，是非常慢的，一直不眨眼，眼球也不动。这个电放得真到位。

我们会发现在唱歌的时候，当你把欢快的歌，慢慢地唱出来的时候，就会有非常性感的感觉。我想原理都是相同的，它都会激发男性的冲动。

举一个速度越慢越性感的例子。大家如果有兴趣，可以去查玛丽莲·梦露给肯尼迪总统唱的生日快乐歌。她唱得非常慢，非常性感，非常有味道，大家去学习一下吧。

再推荐大家去看《色·戒》，去看看王佳芝勾引易先生，唱《天涯歌女》的时候，眼神移动速度和唱歌的速度都是很慢的，要比周璇版的《天涯歌女》慢很多。那个眼神，那个身段，都值得大家去学习。

现在大家就可以做一个实验。你唱“你问我爱你有多深”，你先非常欢快地唱。接下来，你再用一种非常缓慢的速度去唱。你会发现，当你慢下来的时候，一定会更加性感。

当你慢下来的时候，男生的肾上腺素就会飙升。

关于越慢越性感有这样一个例子。有一个姐妹和男朋友去餐厅吃饭，两人聊到工作和生活时，越聊越急躁，语速变得越来越快，气氛变得越来越不好。这时，她想到了我的第三空间理论，于是用一种非常缓慢的语速聊起了墙上的一幅画。

她发现气氛马上就变得好多了。因为男生在平时的工作中，经常处于紧张的应激状态，大家都知道一张一弛，文武之道，气氛轻松才能让他恢复到一个很好的状态。能让他放松下来的女人，才是真正值得他爱的女人。

这样才能让一个人的状态变得更好吧。

所以，男生在工作之外，还是很喜欢能让他们放松下来的女人的。慢下来，温柔一些，多展示一些自己的女性特质吧。

在运用眼神的时候，还有一点需要注意的是，杜拉斯说过："如果一个男人爱你，他的眼睛里就有疼惜。如果不爱就只有欲望。"判断一个男人是真的爱你，还是只是想上你，这也是一个标准吧。

陆琪说，女生对男生的爱很简单，就是性爱+母爱。

其实我认为，男性对女性的爱也很简单，就是性欲+保护欲。这就是一个男生对一个女生长择的爱。

正如一项研究显示，对视的双眼，可以引燃爱的火花。在研究中，有24对男女被邀请到实验室，一边谈话，一边直视对方的眼睛。结果发现，四目相对能够引起强烈的情感。多数人表示和陌生异性进行眼神交流有触电般的感觉。正如一位受访女性所说的那样：

我认为神秘寡言的男人最具诱惑力。有一次，我遇到一个男人，他眼神炽热，话却不多。我和他发生了关系，他让我激情荡漾。

在另一项研究中，陌生男女首先用半个小时来谈论个人的生活细节，然后互相对视四分钟，不能间断，也不许交谈。同样，多数人都被对方深深吸引，其中一对最后竟然步入了婚姻的殿堂！

这就是眼神的神奇魅力。

（平台回复关键词“眼神”，最后一条推送中包含有PUA的始祖谜男的现场指导课程。大家可以顺便看看谜男的眼神稳定性多强，眼球移动速度多慢。你是不是突然间就明白很多了呢？）